독자의 1초를 아껴주는 정성 !

세상이 아무리 바쁘게 돌아가더라도
책까지 아무렇게나 빨리 만들 수는 없습니다.
인스턴트 식품같은 책보다는
오래 익힌 술이나 장맛이 밴 책을 만들고 싶습니다.

길벗 이지톡은 독자여러분이
우리를 믿는다고 할 때 가장 행복합니다.
나를 아껴주는 어학도서,
길벗이지톡의 책을 만나보십시오.

독자의 1초를 아껴주는
정성을 만나보십시오.

미리 책을 읽고 따라해본 2만 베타테스터 여러분과
무따기 체험단, 길벗스쿨 엄마 2% 기획단,
시나공 편가단, 토익 배틀, 대학생 기자단까지!
믿을 수 있는 책을 함께 만들어주신 독자 여러분께 감사드립니다.

(주)도서출판 길벗 www.gilbut.co.kr
길벗이지톡 www.gilbut.co.kr
길벗스쿨 www.gilbutschool.co.kr

990문장만 알면 말이 통한다!

일본어 필수 표현

무작정 따라하기

후지이 아사리 지음

일본어 필수 표현 무작정 따라하기
The cakewalk series - Japanese Sentences

초판 발행 · 2011년 4월 10일
초판 8쇄 발행 · 2022년 4월 1일

지은이 · 후지이 아사리
발행인 · 이종원
발행처 · (주)도서출판 길벗
브랜드 · 길벗이지톡
출판사 등록일 · 1990년 12월 24일
주소 · 서울시 마포구 월드컵로 10길 56(서교동)
대표 전화 · 02)332-0931 | **팩스** · 02)323-0586
홈페이지 · www.gilbut.co.kr | **이메일** · eztok@gilbut.co.kr

담당 편집 · 오윤희(tahiti01@gilbut.co.kr) / **기획** · 이민정 / **디자인** · 이도경 / **제작** · 이준호, 손일순, 이진혁
마케팅 · 이수미, 장봉석, 최소영 / **영업관리** · 심선숙 / **독자지원** · 윤정아

편집진행 및 교정교열 · 정선영 / **일러스트** · 김학수 / **전산편집** · 트인글터 / **녹음편집** · 와이알미디어
CD제작 · 인포미디어 / **인쇄** · 북토리 / **제본** · 신정문화사

ISBN 978-89-6047-273-0 03730
(길벗 도서번호 300433)

정가 12,800원

독자의 1초까지 아껴주는 정성 길벗출판사

길벗 | IT실용서, IT/일반 수험서, IT전문서, 경제경영서, 취미실용서, 건강실용서, 자녀교육서
더퀘스트 | 인문교양서, 비즈니스서
길벗이지톡 | 어학단행본, 어학수험서
길벗스쿨 | 국어학습서, 수학학습서, 유아학습서, 어학학습서, 어린이교양서, 교과서

페이스북 · www.facebook.com/gilbuteztok
네이버 포스트 · http://post.naver.com/gilbuteztok
유튜브 · https://www.youtube.com/gilbuteztok

일본어로 생각하는 습관을 기르세요!

일본어 공부를 할 때만 일본어를 생각하고 그 외의 시간에는 일본어의 '일'자도 생각하지 않고 지내는 분들이 많으시죠? 교재의 내용으로 일본어를 공부하는 것도 중요하지만, 그것만으로 공부를 끝낸다면 익힐 수 있는 일본어 표현은 매우 한정적이겠지요. 게다가 교재에 나오는 문장들이 자신의 상황과 맞지 않는 경우도 많이 있을 것입니다. 자신의 상황과 맞지 않는 문장은 배웠다고 해도 재미가 덜하지요. 왜냐하면 배웠는데도 써 먹지 못하니까요. 일본어를 잘 하고 싶다면 일상생활을 하면서 '이건 일본어로 뭐라고 할까?'라는 생각을 하는 습관을 길러 보세요. 그래야 더 다양한 일본어 표현을 익힐 수 있고, 또 자기 스스로의 상황에 맞는 표현을 말할 수 있게 됩니다.

자신의 생활에 맞게 조금씩 바꿔 보세요!

이 책에 실린 문장들은 많은 사람들에게 공통되는 내용이 많습니다. 따라서 책에 실린 문장을 그대로 쓸 수 있는 경우도 많이 있을 것입니다. 자신의 상황과 맞지 않는 문장의 경우는 자신의 상황에 맞게 단어를 조금씩 바꿔서 쓰세요. 예를 들어, 朝食[ちょうしょく]は抜[ぬ]いた(아침밥은 걸렀다)라는 문장이라면 朝食 대신 昼食[ちゅうしょく](점심)나 夕食[ゆうしょく](저녁)를 넣어서 쓸 수 있지요. 그리고 이 책을 처음부터 순서대로 공부하는 것도 좋지만, 그것보다 한국어 해석을 보면서 '이런 표현을 하고 싶다!'는 생각이 드는 문장을 골라서 공부하는 편이 더 좋습니다. 자신이 하고 싶은 말, 바로 쓸 수 있는 말을 배우는 것이 더욱 재미있고, 또 자신이 하고 싶은 말들은 잘 배울 수 있으니까요.

후지이 아사리

藤井麻里

이 책은 첫째마당부터 넷째마당까지 크게 4개의 '마당'으로 나뉘어 있고, 각 마당 아래 2~6개의 '장'이 있으며, 그 아래에 주제별로 10~60개의 문장을 담아 놓은 '과'가 있습니다. 각 과의 구성은 아래와 같습니다.

왼쪽 페이지에는 5개의 일본어 문장이 제시됩니다. 오디오를 듣고 읽으면서 무슨 뜻인지 떠올려 보세요.

오른쪽 페이지에는 한국어 문장(해석)이 제시됩니다. 한국어를 보고 일본어로 어떻게 말하는지 떠올려 보세요.

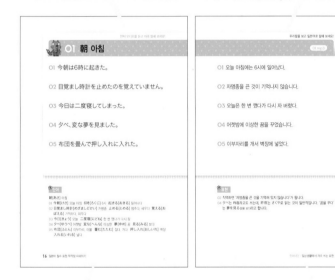

문장에서 사용된 단어와 뜻을 빠짐없이 정리해 놓았습니다.

문장 및 해석에서 알아두어야 할 표현 내용을 정리해 놓았습니다.

각 과가 끝날 때마다 본문에서 배운 문장을
활용한 회화문이 제시됩니다. 본문 내용을 정
리하고 복습하는 기회로 삼아 보세요.

'아하, 일본에서는!'에는 본문 내용과 관련하
여 알아둘 만한 재미있는 일본 이야기를 실
었습니다.

먼저 CD를 들으세요!

모든 외국어가 그렇듯, 일본어를 공부할 때에도 '소리학습'이 중요합니다. 귀로 여러 번 듣고 직접 말해보는 연습을 반복하는 것이야말로 최고의 외국어 학습법입니다. 이 책은 이를 위해 크게 〈기본듣기용〉과 〈말하기연습용〉이라는 두 가지 버전의 음원을 제공하고 있습니다. 〈기본듣기용〉은 본문 전체를 차근차근 들어볼 수 있도록 구성하였습니다. 〈말하기연습용〉은 본문 내용에 익숙해진 후 본격적으로 직접 말해보는 연습을 할 수 있도록 한 문장씩 듣고 말해보는 시간을 넣었습니다.

 기본듣기용

　01 본문.mp3
　　일본어 문장(남) ⋯ 우리말 해석 ⋯ 일본어 문장(여)

　01 회화로 익히기.mp3
　　일본인 대화 전체 듣기
　　일본어 문장 ⋯ 우리말 해석(한 문장씩)
　　일본인 대화 전체 다시 듣기

 말하기연습용

　01 본문 일본어 따라하기 연습.mp3
　　일본어 문장(남) ⋯ 따라 말해보기 ⋯ 일본어 문장(여) ⋯ 따라 말해보기

　01 회화로 익히기 일본어 따라하기 연습.mp3
　　일본인 대화 전체 듣기
　　일본어 문장(한 문장씩) ⋯ 따라 말해보기 ⋯ 일본어 문장 ⋯ 따라 말해보기

책 구성대로 따라하기만 하세요!

● 이 책은《일본어 무작정 따라하기》를 통해 일본어 첫걸음을 뗀 학습자들이 필수 표현을 집중적으로 배우면서 듣고 말하기 능력을 키울 수 있도록 하기 위해 만들어졌습니다. 책 본문을 읽으면서 문장의 뜻과 쓰임을 이해하고, 음원파일을 들으면서 소리를 익히고 직접 소리 내어 말하는 연습을 해 보세요. 전체를 총 51과로 나누어 각각 10~60개의 문장을 엄선하여 실어 놓은 본문을 보고 스스로 한 번에 공부할 분량을 정한 뒤에 먼저 해당 음원파일을 찾아 듣습니다. 먼저 소리를 듣고 나서 책을 보면서 확인하고 다시 듣기를 여러 번 반복하는 것이 가장 기본적인 공부 방법입니다.

● 〈기본듣기용〉 mp3 파일을 듣고 소리에 익숙해진 뒤에는 책 본문을 확인합니다. 하단에 정리되어 있는 단어와 표현 설명을 통해 모르는 것 위주로 한 번 살펴보세요. 문장을 익히는 것이 중요하기 때문에 꼭 외우려고 하지 않아도 됩니다. 그런 다음, 왼쪽 면과 오른쪽 면에 각각 실려 있는 일본어 문장과 우리말 해석을 확인합니다. 일본어 문장을 보고 바로 뜻이 파악될 때까지 반복해서 듣고 말해 보세요. 또, 우리말 해석만 보고도 일본어 문장이 바로 입에서 튀어 나올 때까지 충분히 연습해 보세요. 〈말하기연습용〉 mp3 파일을 활용하면 책 없이 듣고만 있어도 말하기연습을 할 수 있습니다. 〈말하기연습용〉 mp3 파일을 들을 수 없을 때에는 책의 왼쪽과 오른쪽 면을 번갈아 가려가면서 익숙해질 때까지 연습하도록 합니다.

〈기본듣기용〉
mp3 파일 듣기

···

책 본문 내용
확인하기

···

〈말하기연습용〉
mp3 파일 들으면서
말해보기

머리말
이 책은 이렇게 구성되어 있어요!
이 책은 이렇게 학습하세요!

첫째마당 일상생활에서 자주 쓰는 표현

둘째마당 여러 가지 상황에서 쓰는 표현

첫째마당

일상생활에서
자주 쓰는 표현

여기에는 일상생활에서 쓰이는 표현들을 모았습니다. 제시된 문장을 익힌 다음에 본인의 생활에 맞게 단어를 바꿔서 말을 해 보세요. 예를 들어 今朝は6時に目が覚めた (오늘 아침에는 6시에 잠이 깼다)라는 문장 같으면 일어난 시간을 바꾸면 누구든지 쓸 수 있는 문장이죠. 또 夕べ、変な夢を見ました(어젯밤에 이상한 꿈을 꾸었습니다)라는 문장 같으면 変な(이상한)라는 부분을 いい(좋은)나 恐い[こわい](무서운) 등으로 바꾸면 여러 가지 꿈에 대해서 이야기할 수 있게 되죠. 하루하루 지내면서 '이 말은 일본어로 뭐라고 할까?'하고 생각해 보는 습관을 길러 보세요. 일본어 실력 향상에 많은 도움이 됩니다.

1장 一日の日課 하루 일과

아침에 일어나서 낮에 활동을 하고 저녁에 집에 들어와서 잠자리에 드는 것은 대부분의 사람들이 매일 하는 행동이죠. 그러니 써 볼 수 있는 문장들이 많을 겁니다. 그런 일상생활에서 쓰일 만한 문장들을 모아 보았습니다.

一日[いちにち] 하루 日課[にっか] 일과

O1 朝 아침

O1 今朝は6時に起きた。

O2 目覚まし時計を止めたのを覚えていません。

O3 今日は二度寝してしまった。

O4 夕べ、変な夢を見ました。

O5 布団を畳んで押し入れに入れた。

단어

朝[あさ] 아침
01 **今朝[けさ]** 오늘 아침 **6時[ろくじ]** 6시 **起きる[おきる]** 일어나다
02 **目覚まし時計[めざましどけい]** 자명종 **止める[とめる]** 멈추다, 세우다 **覚える[おぼえる]** 기억하다, 외우다
03 **今日[きょう]** 오늘 **二度寝[にどね]** 한 번 깼다가 다시 잠
04 **夕べ[ゆうべ]** 어젯밤 **変な[へんな]** 이상한 **夢[ゆめ]** 꿈 **見る[みる]** 보다
05 **布団[ふとん]** 이부자리, 이불 **畳む[たたむ]** 접다, 개다 **押し入れ[おしいれ]** 벽장 **入れる[いれる]** 넣다

01.mp3

01 오늘 아침에는 6시에 일어났다.

02 자명종을 끈 것이 기억나지 않습니다.

03 오늘은 한 번 깼다가 다시 자 버렸다.

04 어젯밤에 이상한 꿈을 꾸었습니다.

05 이부자리를 개서 벽장에 넣었다.

🌸 **표현**

02 직역하면 '자명종을 끈 것을 기억해 있지 않습니다'가 됩니다.
04 夕べ는 昨夜라고도 쓰는데, 昨夜는 さくや로 읽는 것이 일반적입니다. '꿈을 꾸다'
는 夢を見る꿈을 보다라고 합니다.

O1 朝 아침

O6 パジャマを脱いで洋服に着替えました。

O7 顔を洗って歯を磨いた。

O8 簡単にシャワーを浴びました。

O9 おなかがすいていなかったので、朝食は抜いた。

1O 寝癖が直らなくて困りました。

単어

O6 パジャマ 잠옷 脱ぐ[ぬぐ] 벗다 洋服[ようふく] 옷 着替える[きがえる] 갈아입다

O7 顔[かお] 얼굴 洗う[あらう] 씻다 歯[は] 이 磨く[みがく] 닦다

O8 簡単に[かんたんに] 간단하게 浴びる[あびる] 뒤집어쓰다, 쬐다

O9 おなか 배 すく 비다, (공복이)되다 朝食[ちょうしょく] 아침밥 抜く[ぬく] 뽑다, 빼다

1O 寝癖[ねぐせ] 잠자는 사이에 헝클어진 머리, 잠버릇 直る[なおる] 고쳐지다 困る[こまる] 곤란하다, 난처하다

01.mp3

O6 잠옷을 벗고 옷으로 갈아입었습니다.

O7 세수를 하고 이를 닦았다.

O8 간단하게 샤워를 했습니다.

O9 배가 고프지 않아서 아침밥은 걸렀다.

10 눌린 머리가 고쳐지지 않아서 난처했습니다.

❀ 표현

06 着替える는 사전적으로는 きかえる로 되어 있지만, 일상적으로는 きがえる라고 발음하는 사람이 대부분입니다.

07 '세수하다'는 顔を洗う얼굴을 씻다라고 합니다.

08 シャワーを浴びる를 シャワーをする샤워를 하다라고 해도 됩니다.

09 한국어 '고프다'는 형용사인데 비해, 일본어 すく비다, (공복이)되다는 동사예요. 따라서 지금 배가 고프면 おなかがすいた 배가 비었다, 공복이 되었다라는 과거형이나 おなかがすいている 배가 비어 있다, 공복 상태이다라는 형태를 쓰게 됩니다.

10 寝癖는 '잠자는 사이에 헝클어진 머리'를 뜻하기도 하고 '잠버릇'을 뜻하기도 합니다. '잠자다가 머리가 헝클어지다'는 寝癖が付く[つく]라고 합니다.

01 朝 아침

11 僕はひげが濃いので、毎日そらないといけない。

12 髪のセットにかける時間は5分以内です。

13 今日は何だかヘアスタイルが決まらない。

14 着ていく服がなかなか決まりませんでした。

15 ストッキングが伝線しちゃった。

🌸단어

11 僕[ぼく] 나(남자) ひげ 수염 濃い[こい] 진하다, 짙다 毎日[まいにち] 매일
　　そる 밀다
12 髪[かみ] 머리(털) かける 들이다, 걸다 時間[じかん] 시간 5分[ごふん] 5분
　　以内[いない] 이내
13 今日[きょう] 오늘 何だか[なんだか] 왠지 決まる[きまる] 잡히다, 정해지다
14 着る[きる] 입다 服[ふく] 옷 なかなか 좀처럼
15 伝線[でんせん] 올이 나감

01.mp3

11 나는 수염이 많아서 매일 밀지 않으면 안 된다.

12 머리 세팅에 들이는 시간은 5분 이내입니다.

13 오늘은 왠지 헤어스타일이 잡히지 않는다.

14 입고 갈 옷이 좀처럼 정해지지 않았습니다.

15 스타킹 올이 나가 버렸어.

✿ 표현

11 '수염이 많다/적다'는 ひげが 濃い 수염이 진하다/薄い 연하다라고 합니다.
15 ～ちゃうは ～てしまう~해 버리다의 구어체입니다.

01 朝 아침

16 ネクタイがうまく結べません。

17 今朝はメイクのノリが悪い。

18 トースターでパンを焼いて、コーヒーを入れました。

19 朝ごはんを食べながら連ドラを見る。

20 今日は特に大きいニュースはないみたいだ。

🌸단어

16 うまく 잘 結ぶ[むすぶ] 매다, 묶다
17 今朝[けさ] 오늘 아침 メイク 메이크업, 화장 ノリ (화장, 물감 등이)먹는 정도 悪い[わるい] 나쁘다
18 焼く[やく] 굽다 入れる[いれる] 넣다, 타다
19 朝ごはん[あさごはん] 아침밥 食べる[たべる] 먹다 連ドラ[れんドラ] 연속극 見る[みる] 보다
20 特に[とくに] 특히, 특별히 大きい[おおきい] 크다

01.mp3

16 넥타이를 잘 맬 수 없습니다.

17 오늘 아침은 화장이 잘 먹지 않는다.

18 토스터로 빵을 굽고 커피를 탔습니다.

19 아침밥을 먹으면서 연속극을 본다.

20 오늘은 특별히 큰 뉴스는 없는 것 같다.

❀ 표현

17 メイク는 メーク라고 쓰기도 합니다. 또 化粧[けしょう]화장라는 말을 쓰는 경우도
많습니다. ノリ는 원래 乗り라고 쓰는데, '화장이 먹다/안 먹다'라는 말을 할 때는 가
타카나로 쓰는 경우가 많습니다.
18 '(차, 커피 등)을 타다'는 ～を入れる～를 넣다라고 표현합니다.
19 朝ごはん은 한자로 쓰는 경우도 있는데 朝御飯이라고 씁니다. 連ドラ는 連続[れ
んぞく]ドラマ 연속 드라마의 준말입니다.

01 朝 아침

21 天気予報で今日の天気を確認しました。

22 今日は傘を持っていった方がよさそうだ。

23 新聞にざっと目を通しました。

24 早くしないと遅れちゃうよ。

25 出掛ける前に戸締まりをします。

🌸 단어

21 天気予報[てんき よほう] 일기예보 今日[きょう] 오늘 天気[てんき] 날씨 確認
[かくにん] 확인
22 傘[かさ] 우산 持っていく[もっていく] 가져가다 ～方[ほう] ~편, ~쪽 いい 좋다
23 新聞[しんぶん] 신문 ざっと 대충, 대강 目[め] 눈 通す[とおす] 통과시키다, 꿰다
24 早く[はやく] 빨리, 일찍 遅れる[おくれる] 늦다
25 出掛ける[でかける] 외출하다 前[まえ] 전, 앞 戸締まり[とじまり] 문단속

01.mp3

21 일기예보로 오늘의 날씨를 확인했습니다.

22 오늘은 우산을 가져가는 편이 좋을 것 같다.

23 신문을 대충 훑어보았습니다.

24 서두르지 않으면 늦어 버려.

25 외출하기 전에 문단속을 합니다.

✿ 표현

22 いいが ～そう~같다와 연결될 때는 형태가 よさ로 바뀌어 よさそう가 됩니다.
23 目を通す는 '훑어보다'라는 뜻의 관용구입니다.
24 ～ちゃう는 ～てしまう~해 버리다의 구어체입니다.

01 朝 아침

26 忘れ物はない?

27 行ってらっしゃい。

28 行ってきます。

29 今日は何時に帰ってくる?

30 夕飯はうちで食べる?

 단어

26 忘れ物[わすれもの] 잊어버린 것 ない 없다
27 行く[いく] 가다
29 何時[なんじ] 몇 시 帰ってくる[かえってくる] 돌아오다
30 夕飯[ゆうはん] 저녁밥 うち 집 食べる[たべる] 먹다

01.mp3

26 빠뜨린 건 없어?

27 다녀오세요.

28 다녀오겠습니다.

29 오늘은 몇 시에 들어와?

30 저녁밥은 집에서 먹어?

🌸 표현

26 忘れ物는 '분실물'을 뜻하기도 합니다. 즉 버스나 지하철 등에 놓고 내린 물건도 忘れ物라고 하고, 집 등에 두고 온 물건도 忘れ物라고 합니다. ない는 한자로 無 い라고 씁니다.

女 まだ起きないの？遅刻しても知らないよ。

男 わっ！もうこんな時間！目覚まし時計を止めたのを覚えて
  ないよ。

女 間に合う？

男 会社に遅れるって電話しておいたほうがよさそう。

女 時間がないから朝食は抜きでしょ？

男 うん。すぐに顔を洗って着替えて出掛けなきゃ。

女 忘れ物はない？

男 うん。じゃ、行ってきます。

女 行ってらっしゃい。

男 あ、今日は夕飯うちで食べるよ。

女 わかった。

✽해석

여 아직 안 일어나? 지각해도 몰라.

남 와! 벌써 이런 시간이네! 자명종을 끈 게 기억이 안 나.

여 안 늦겠어?

남 회사에 늦겠다고 전화해 놓는 편이 좋을 것 같아.

여 시간이 없으니까 아침밥은 거르죠?

남 응. 바로 세수하고 옷 갈아입고 나가야지.

어 빠뜨린 건 없어?

남 응. 그럼 다녀올게요.

여 다녀오세요.

남 아, 오늘은 저녁밥 집에서 먹을게.

여 알았어.

✽단어

まだ 아직　起きる[おきる] 일어나다　遅刻[ちこく] 지각　知る[しる] 알다　もう 벌써, 이미　こんな 이런　時間[じかん] 시간　目覚まし時計[めざましどけい] 자명종　止める[とめる] 끄다, 세우다　覚える[おぼえる] 외우다, 기억하다　間に合う[まにあう] 시간에 대다　会社[かいしゃ] 회사　遅れる[おくれる] 늦다　電話[でんわ] 전화　朝食[ちょうしょく] 아침밥　抜き[ぬき] 뺌, 생략　すぐに 바로　顔[かお] 얼굴　洗う[あらう] 씻다　着替える[きがえる] 갈아입다　出掛ける[でかける] 외출하다　忘れ物[わすれもの] 잊어버린 물건, 분실물　行く[いく] 가다　今日[きょう] 오늘　夕飯[ゆうはん] 저녁밥　食べる[たべる] 먹다

✽표현

遅れるって電話しておいたほうがよさそう에서 遅れるって의 ～って는 ～と～라고의 구어체입니다. ～ておいたほうがよさそう는 ～ておく~해 두다/놓다와 ～たほうが~하는 편이와 ～そう~ㄹ 것 같다가 합해진 말입니다. ～たほうが는 ～た方が로도 씁니다.

❖ 아하, 일본에서는!

날씨와 관련된 단어들

晴れ[はれ] 맑음　　　　　　　晴れる[はれる] 개다, 맑아지다
曇り[くもり] 흐림　　　　　　曇る[くもる] 흐리다
雨[あめ] 비　　　　　　　　　雪[ゆき] 눈
みぞれ 진눈깨비　　　　　　　ひょう 우박
風[かぜ] 바람　　　　　　　　黄砂[こうさ] 황사
気温[きおん] 기온　　　　　　湿度[しつど] 습도
最高気温[さいこう きおん] 최고기온
最低気温[さいてい きおん] 최저기온
降水確率[こうすい かくりつ] 강수확률

O2 通勤/通学 통근/통학

O1 信号が青になるのを待って、横断歩道を渡った。

O2 ここの踏み切りは一度閉まるとなかなか開きません。

O3 定期が切れていて、自動改札で引っ掛かってしまった。

O4 電車が来ていたので、駆け込みました。

O5 鞄がドアに挟まってしまった。

🍀 단어

通勤[つうきん] 통근 **通学[つうがく]** 통학

01 **信号[しんごう]** 신호등 **青[あお]** 파랑 **待つ[まつ]** 기다리다 **横断歩道[おうだんほどう]** 횡단보도 **渡る[わたる]** 건너다

02 **ここ** 여기 **踏み切り[ふみきり]** (철로)건널목 **一度[いちど]** 한 번 **閉まる[しまる]** 닫히다 **なかなか** 좀처럼 **開く[あく]** 열리다

03 **定期[ていき]** 정기(권) **切れる[きれる]** (기한이)지나다, 다 되다, 끊어지다 **自動改札[じどう かいさつ]** 자동개찰(구) **引っ掛かる[ひっかかる]** 걸리다

02.mp3

01 신호등이 파란불이 되는 것을 기다려 횡단보도를 건넜다.

02 여기 철로 건널목은 한 번 닫히면 좀처럼 열리지 않습니다.

03 정기권 기한이 지나서 자동개찰구에서 걸려 버렸다.

04 전철이 와 있어서 뛰어 들어갔습니다.

05 가방이 문에 끼어 버렸다.

04 電車[でんしゃ] 전철　来て[きて] 오고, 와서　駆け込む[かけこむ] 뛰어 들(어가)다
05 鞄[かばん] 가방　挟まる[はさまる] 끼이다

🌸 표현

02 踏み切り는 踏切로도 씁니다.
03 定期는 定期券[ていきけん] 정기권의 준말입니다. 切れていて는 직역하면 '(기한이) 지나 있어서, 지난 상태여서'가 됩니다.

02 通勤/通学 통근/통학

06 新宿駅で地下鉄に乗り換えます。

07 急行は込んでいるから、各駅で座って行く。

08 学校が休みの時期は電車がすいています。

09 通勤ラッシュの電車には痴漢が多い。

10 ラッシュ時には女性専用車両に乗るようにしています。

✿단어

06 新宿駅[しんじゅくえき] しんじゅく역 地下鉄[ちかてつ] 지하철 乗り換える[のりかえる] 갈아타다, 바꿔 타다

07 急行[きゅうこう] 급행(차) 込む[こむ] 붐비다 各駅[かくえき] 각역(차)(역마다 정차함, 또 정차하는 차) 座る[すわる] 앉다 行く[いく] 가다

08 学校[がっこう] 학교 休み[やすみ] 쉬는 날, 쉼 時期[じき] 시기 電車[でんしゃ] 전철 すく 비다, 한산하다

09 通勤[つうきん] 통근 痴漢[ちかん] 치한 多い[おおい] 많다

10 ラッシュ時[ラッシュじ] 러시아워 女性専用車両[じょせい せんよう しゃりょう] 여성전용차량 乗る[のる] 타다

02.mp3

O6 しんじゅく역에서 지하철로 갈아탑니다.

O7 급행은 붐비니까, 완행으로 앉아서 가다.

O8 학교가 쉬는 시기는 전철이 한산합니다.

O9 통근 러시 전철에는 치한이 많다.

1O 러시아워 때는 여성전용차량에 타도록 하고 있습니다.

✿ 표현

07 込む는 한자를 混む로 쓰기도 합니다. 込んでいる는 직역하면 '붐벼 있다'가 됩니다. 各駅는 各駅停車[かくえき ていしゃ] 각역 정차의 준말인데, 各停[かくてい]라고 줄여서 쓰기도 합니다.

10 ラッシュ時는 ラッシュアワー 러시아워라고도 합니다. '~를 타다'라고 할 때는 조사 に를 써서 ~に乗る라고 한다는 점에 유의하세요.

O2 通勤/通学 통근/통학

11 車内では携帯電話をマナーモードに設定の
上、通話はお控えいただくようお願いします。

12 優先席付近では携帯電話の電源をお切りく
ださい。

13 満員電車で立ったまま寝ている人がいた。

14 ちょっと詰めて座ればもう一人座れるのに。

15 網棚に鞄を乗せて、吊革につかまりました。

🌸단어

11 車内[しゃない] 차내　携帯電話[けいたい でんわ] 휴대전화　マナーモード 매너모
드, 진동　設定[せってい] 설정　上[うえ] 위　通話[つうわ] 통화　控える[ひかえる]
삼가다　お願い[おねがい] 부탁

12 優先席[ゆうせんせき] 우선석, 노약자석　付近[ふきん] 부근　電源[でんげん] 전원
切る[きる] 끄다, 끊다, 자르다

13 満員電車[まんいん でんしゃ] 만원전철　立つ[たつ] 서다　寝る[ねる] 자다　人[ひ
と] 사람

14 詰める[つめる] 좁히다, 채우다　座る[すわる] 앉다　一人[ひとり] 한 명, 혼자

11 차내에서는 휴대전화를 진동으로 설정하고, 또 통화는 삼가 주시기 바랍니다.

12 노약자석 부근에서는 휴대전화의 전원을 꺼 주십시오.

13 만원전철에서 선 채로 자고 있는 사람이 있었다.

14 조금 좁혀서 앉으면 한 명 더 앉을 수 있을 텐데.

15 선반에 가방을 올리고 손잡이를 잡았습니다.

---

15 網棚[あみだな] 그물 선반   乗せる[のせる] 올리다   吊革[つりかわ] (버스나 전철의) 손잡이

❀ 표현

11 ～の上는 '～게다가, ～ㄴ데다가, 그 위에'라는 뜻입니다.
13 ～ままは '～ㄴ 채'라는 뜻입니다.

02 通勤/通学 통근/통학

16 最近、電車でメークする女性が増えた。

17 うとうとして、乗り過ごしてしまいました。

18 クーラーがききすぎで、寒かった。

19 お年寄りに席を譲りました。

20 もう終電が行ってしまった。

🌸 단어

16 最近[さいきん] 최근, 요새 電車[でんしゃ] 전철 女性[じょせい] 여성 増える[ふえる] 많아지다, 증가하다

17 うとうと 꾸벅꾸벅 乗り過ごす[のりすごす] 내릴 역을 지나치다

18 きく (냉/난방이)든다 寒い[さむい] 춥다

19 お年寄り[おとしより] 노인 席[せき] 자리 譲る[ゆずる] 양보하다

20 終電[しゅうでん] (전철의)막차 行く[いく] 가다

16 최근 전철에서 화장하는 여성이 많아졌다.

17 꾸벅꾸벅 졸아서 내릴 역을 지나쳐 버렸습니다.

18 냉방이 너무 잘 들어서 추웠다.

19 노인께 자리를 양보했습니다.

20 이미 막차가 가 버렸다.

✿ 표현

16 メーク는 メイク라고도 씁니다.
18 ~すぎる는 '너무 ~하다, 지나치게 ~하다'라는 뜻입니다.

 회화로 익히기

女 おはようございます。遅れてすみません。

男 おはようございます。何かあったんですか。

女 今朝は色々なトラブルが重なってしまって…。

男 トラブルって？

女 まず定期が切れていて、自動改札で引っ掛かってしまったんです。それで、急いで切符を買って電車に乗ったんですが、鞄がドアに挟まってしまって、そちらのドアが開く駅に着くまで、電車を降りられなかったんです。

男 それは大変でしたね。

女 それから、駅前の踏み切りがなかなか開かなくて、15分も待たされました。

男 ああ、開かずの踏み切りで有名ですからね。

女 本当に申し訳ありません。

男 明日から、もう少し早く家を出るようにしてください。

✽ 해석

여 안녕하세요. 늦어서 죄송합니다.
남 안녕하세요. 무슨 일 있었어요?
여 오늘 아침에는 여러 가지 트러블이 겹쳐 버려서….
남 트러블이라니요?
여 우선 정기권 기한이 지나서 자동개찰구에서 걸려 버렸거든요. 그래서 서둘러 표를 사서 전철을 탔는데, 가방이 문에 끼어 버려서 그쪽 문이 열리는 역에 도착할 때까지 전철을 내리지 못했던 겁니다.
남 그건 힘들었겠네요.
여 그리고 역 앞의 건널목이 좀처럼 열리지 않아서 15분씩이나 기다렸습니다.
남 아아, 열리지 않는 건널목으로 유명하니까 말이에요.
여 정말 죄송합니다.
남 내일부터 좀 더 일찍 집에서 나오도록 하세요.

첫째마당

1장 하루 일과

❋단어

遅れる[おくれる] 늦다　何か[なにか] 무언가　今朝[けさ] 오늘 아침　色々な[いろいろな] 여러 가지　重なる[かさなる] 겹치다　定期[ていき] 정기(권)　切れる[きれる] (기한이)지나다, 다 되다, 끊어지다　自動改札[じどう かいさつ] 자동개찰(구)　引っ掛かる[ひっかかる] 걸리다　急ぐ[いそぐ] 서두르다　切符[きっぷ] 표　買う[かう] 사다　電車[でんしゃ] 전철　乗る[のる] 타다　鞄[かばん] 가방　挟まる[はさまる] 끼이다　開く[あく] 열리다　駅[えき] 역　着く[つく] 도착하다　降りる[おりる] 내리다　大変な[たいへんな] 힘든　駅前[えきまえ] 역 앞　踏み切り[ふみきり] (철로)건널목　15分[じゅうごふん] 15분　待つ[まつ] 기다리다　有名な[ゆうめいな] 유명한　本当に[ほんとうに] 정말로　申し訳ない[もうしわけない] 면목 없다, 죄송하다　明日[あした] 내일　もう少し[もうすこし] 좀 더　早く[はやく] 일찍　家[いえ] 집　出る[でる] 나오다, 나가다

❋표현

トラブルって의 ～って는 ～とは~라니, ~라고 하는 것은의 구어체입니다.

❖ 아아, 일본에서는!

열리지 않는 철로 건널목

일본에는 開かずの踏み切り 열리지 않는 철로 건널목라고 불리는 건널목이 여러 군데 있는데, 출퇴근 시간에 1시간 중 40분 이상 닫혀 있는 곳들입니다. 이런 곳에서는 지나가려는 사람들이나 차 운전자들의 스트레스가 많아 사고도 많이 발생하고 있습니다. 이런 곳을 고가 혹은 지하로 바꾸려는 노력이 계속되고 있다고 합니다.

O3 帰宅 귀가

O1 これから帰るよ。

O2 今日は早いのね。

O3 お先に失礼します。

O4 お疲れ様でした。

O5 お気を付けて。

 단어

帰宅[きたく] 귀가
01 これから 이제부터, 앞으로 帰る[かえる] 돌아가다, 집에 가다
02 今日[きょう] 오늘 早い[はやい] 이르다, 빠르다
03 先に[さきに] 먼저 失礼[しつれい] 실례, 무례함
04 お疲れ様です[おつかれさまです] 수고하십니다
05 気を付ける[きをつける] 조심하다

01 이제 집에 갈게.

02 오늘은 일찍 오는구나.

03 먼저 가 보겠습니다.

04 수고하셨습니다.

05 살펴 가십시오.

🌸 표현

02 남자의 경우는 今日は早いんだね라고 하면 됩니다.
03 직역하면 '먼저 실례하겠습니다'가 됩니다. 반말은 お先に입니다.
04 '수고하셨습니다'라는 말을 아랫사람에게 쓸 때는 ご苦労様でした[ごくろうさまでした]라고 해도 됩니다. 반말은 각각 お疲れ様, ご苦労様입니다.

O3 帰宅 귀가

O6 ただいま。

O7 お帰りなさい。

O8 ご飯にする?それとも先にお風呂にする?

O9 先にお風呂に入ってもいい?

1O せっかく久しぶりに腕を振るったのに、食べて来たの?

🍀 단어

07 お帰りなさい[おかえりなさい] (돌아온 사람에게) 어서 와요, 이제 왔어요?
08 ご飯[ごはん] 밥 それとも 아니면 先に[さきに] 먼저 風呂[ふろ] 목욕
09 入る[はいる] 들어가다
10 せっかく 모처럼, 일부러 久しぶり[ひさしぶり] 오래간만 腕[うで] 팔, 솜씨 振るう
[ふるう] 휘두르다, 흔들다 食べる[たべる] 먹다 来た[きた] 왔다

O6 다녀왔습니다.

O7 이제 왔어요?

O8 밥 먹을래? 아니면 먼저 목욕할래?

O9 먼저 목욕해도 돼?

1O 모처럼 오래간만에 솜씨를 발휘했는데 먹고 온 거야?

표현

06 ただいま는 따로 반말이 없어서 반말도 그대로 ただいま라고 합니다.

07 반말은 お帰り입니다. ただいま와 짝이 되는 인사말입니다.

08 ご飯은 히라가나로 ごはん이라고 쓰는 경우도 많습니다. ご飯にする, お風呂にする는 직역하면 '밥으로 하다', '목욕으로 하다'가 됩니다.

09 '목욕하다'는 風呂に入る라고 합니다.

10 腕を振るう는 '솜씨를 발휘하다'라는 뜻의 관용구입니다.

03 帰宅 귀가

11 こんな時間まで起きてたの？

12 うん、眠れなくて。

13 ゆっくりお風呂につかりました。

14 今日はシャワーで済ませました。

15 クレンジングで化粧を落とす。

🌸 단어

11 こんな 이런 時間[じかん] 시간 起きる[おきる] 일어나다
12 眠る[ねむる] 잠자다
13 ゆっくり 천천히, 느긋하게 風呂[ふろ] 목욕 つかる 잠기다
14 今日[きょう] 오늘 済ませる[すませる] 끝내다, 마치다
15 化粧[けしょう] 화장 落とす[おとす] 떨어뜨리다, 지우다

03.mp3

11 이런 시간까지 일어나 있었던 거야?

12 응, 잠이 안 와서.

13 느긋하게 욕조에 몸을 담갔습니다.

14 오늘은 샤워로 끝냈습니다.

15 클렌징으로 화장을 지운다.

❀ 표현

12 眠れなくては 직역하면 '못 자서, 잠들지 못해서'가 됩니다.
14 済ませる는 済ます라고도 하는데, 済ませる는 1단동사이고 済ます는 5단동사입니다.

O3 帰宅 귀가

16 ドライヤーで髪を乾かします。

17 何か手伝おうか。

18 じゃ、ご飯をよそって。

19 実は、ご飯の支度がまだできてないの。

20 今日はご飯作るの嫌だから、ピザでも取ろう。

🌸단어

16 髪[かみ] 머리카락 乾かす[かわかす] 말리다
17 何か[なにか] 뭔가 手伝う[てつだう] 도와주다, 거들다
18 ご飯[ごはん] 밥 よそう 담다
19 実は[じつは] 실은 支度[したく] 준비, 채비 まだ 아직 できる 다 되다, 할 수 있다, 생기다
20 作る[つくる] 만들다 嫌な[いやな] 싫은 取る[とる] 주문하다, 잡다, 취하다

03.mp3

16 드라이어로 머리를 말립니다.

17 뭐 도와줄까?

18 그럼, 밥을 담아 줘.

19 실은, 밥 준비가 아직 안 됐어.

20 오늘은 밥 차리는 거 싫으니까, 피자라도 시키자.

❀ 표현

18 よそう는 よそる라고도 합니다.

19 まだできてない는 직역하면 '아직 되어 있지 않다'가 됩니다. 이 말을 남자가 할 때는 まだできてないんだ라고 합니다.

20 '밥을 차리다/준비하다'는 ご飯を作る밥을 만들다라고도 표현합니다.

男 これから帰るよ。

女 今日は早いのね。

男 うん。今日は残業しなくても済むから。

男 ただいま。

女 お帰りなさい。ご飯にする？それとも先にお風呂にする？

男 先にご飯にしよう。おなかすいただろう？

女 ごめん。実は、ご飯の支度がまだできてないの。

男 そうか。じゃ、今日は外で食べようか。

女 うちでピザを取るのはどう？

男 うん、いいよ。じゃ、先にお風呂に入るね。

☆ 해석

남 이제 집에 갈게.
여 오늘은 일찍 오네.
남 응. 오늘은 야근 안 해도 되니까.

남 다녀왔어.
여 왔어? 밥 먹을래? 아니면 먼저 목욕할래?
남 먼저 밥 먹자. 배고프지?
여 미안해. 실은, 밥 준비가 아직 안 됐어.
남 그렇군. 그럼 오늘은 밖에서 먹을까?
여 집에서 피자를 배달시키는 건 어때?
남 응. 좋아. 그럼 먼저 목욕할게.

✽ 단어

帰る[かえる] 돌아가다, 집에 가다 今日[きょう] 오늘 早い[はやい] 이르다, 빠르다 残業[ざんぎょう] 잔업, 야근 済む[すむ] 되다, 끝나다 お帰りなさい[おかえりなさい] 어서 와요, 왔어요? ご飯[ごはん] 밥 先に[さきに] 먼저 風呂[ふろ] 목욕 実は[じつは] 실은 支度[したく] 준비, 채비 外[そと] 밖 食べる[たべる] 먹다 取る[とる] 주문하다, 잡다, 취하다 入る[はいる] 들어가다

✽ 표현

한국어에서는 '잔업'과 '야근'이 같은 뜻으로 쓰이지만, 일본어에서는 残業[ざんぎょう]잔업와 夜勤[やきん]야근의 뜻이 다릅니다. 残業는 근무시간 이후에 회사에 남아서 일하는 것을 뜻하고, 夜勤은 교대근무에서 '주간근무'와 대조가 되는 '야간근무'를 뜻합니다. 따라서 夜勤을 하는 날은 낮에 근무를 하지 않는다는 뜻입니다.

❖ 아하, 일본에서는!

'집에 가 콜'이란?

남편이 아내에게 '이제 들어갈게'라고 연락하는 전화를 カエルコール(帰るコール)라고 합니다. 1985년에 NTT일본전신전화주식회사가 '집에 간다는 전화를 하자'는 캠페인을 했을 때 만든 말로, 이때 帰る[かえる] 돌아가다와 カエル 개구리를 연관시켜 큰 개구리를 등장시킨 광고도 화제가 되었습니다. 그 후로 널리 쓰이고 있는 말입니다.

O4 パソコン PC

O1 データをうっかり削除してしまいました。

O2 パソコンを立ち上げた時にエラーメッセージ
が出た。

O3 マウスをダブルクリックしました。

O4 新しいソフトをインストールした後、パソコン
を再起動してください。

O5 バージョンアップは無料でできる。

🌸 단어

01 うっかり 깜빡, 무심코　削除[さくじょ] 삭제
02 立ち上げる[たちあげる] (PC)를 부팅하다, 가동시키다　時[とき] 때　出る[でる] 나
가다, 나오다
04 新しい[あたらしい] 새롭다　後[あと] 후　再起動[さいきどう] 재시동, 재부팅
05 無料[むりょう] 무료

04.mp3

01 데이터를 무심코 삭제해 버렸습니다.

02 PC를 켰을 때 에러 메시지가 나왔다.

03 마우스를 더블클릭했습니다.

04 새로운 소프트를 인스톨한 후, PC를 재부팅해 주세요.

05 버전 업은 무료로 할 수 있다.

🌸 표현

04 再起動는 リブート라고도 합니다.

O4 パソコン PC

O6 壁紙とスクリーンセーバーが無料でダウンロードできます。

O7 パソコンを初期化する前にデータをバックアップしておいたほうがいい。

O8 デジカメで撮った写真をパソコンに取り込みました。

O9 パソコンがウイルスに感染したかどうか確認する方法がわからない。

10 ファイルを圧縮してからメールに添付しました。

🌸단어

06 壁紙[かべがみ] 벽지, 배경화면　無料[むりょう] 무료　できる 할 수 있다
07 初期化[しょきか] 초기화　前[まえ] 전, 앞
08 撮る[とる] 찍다　写真[しゃしん] 사진　取り込む[とりこむ] 읽어 들이다
09 感染[かんせん] 감염　確認[かくにん] 확인　方法[ほうほう] 방법

04.mp3

○6 배경화면과 화면 보호기를 무료로 다운로드할 수 있습니다.

○7 PC를 초기화하기 전에 데이터를 백업해 두는 편이 좋다.

○8 디카로 찍은 사진을 PC에 읽어 들였습니다.

○9 PC가 바이러스에 감염되었는지 (어떤지) 확인하는 방법을 모르겠다.

1○ 파일을 압축하고 나서 메일에 첨부했습니다.

---

10 圧縮[あっしゅく] 압축 添付[てんぷ] 첨부

🌸 표현

07 バックアップしておいたほうがいいは ～ておく~해 두다/놓다와 ～たほうがいい~하는 편이 좋다가 합해진 말입니다.

O4 パソコン PC

11 データを保存するのを忘れないようにしてください。

12 文字化けしてしまって読めない。

13 彼女とチャットしてたら朝になってしまいました。

14 このブログは最近全然更新されていない。

15 内容に全く関係ないレスを付ける人がいます。

🌸 단어

11 保存[ほぞん] 보존, 저장　忘れる[わすれる] 잊다
12 文字化け[もじばけ] 글자가 깨짐　読む[よむ] 읽다
13 彼女[かのじょ] 여자친구, 그녀　朝[あさ] 아침
14 最近[さいきん] 최근, 요새　全然[ぜんぜん] 전혀　更新[こうしん] 갱신
15 内容[ないよう] 내용　全く[まったく] 전혀　関係[かんけい] 관계　付ける[つける]
　　달다, 붙이다　人[ひと] 사람

04.mp3

11 데이터를 저장하는 것을 잊지 않도록 하세요.

12 글자가 깨져 버려서 읽을 수 없다.

13 여자친구와 채팅하고 있었더니 아침이 되어 버렸습니다.

14 이 블로그는 요새 전혀 갱신되지 않는다.

15 내용에 전혀 관계없는 댓글을 다는 사람이 있습니다.

✿ 표현

13 チャットしてたら는 チャットしていたら의 い가 생략된 말입니다. 이때 쓰이는 ～
たら는 '～면'이 아니라 '～더니, ～다 보니'의 뜻입니다.

14 更新されていない는 직역하면 '갱신되고 있지 않다, 갱신되지 않고 있다'가 됩니다.

15 レス는 영어 レスポンス response의 준말로, 인터넷이 보급되면서 만들어진 말입니다.

O4 パソコン PC

16 URLをアドレスバーにコピペして飛ぶ。

17 パソコンがよくフリーズするようになりました。

18 わからないことはネットで検索してみるといい。

19 メールサーバーがダウンしました。

20 迷惑メールフォルダに入っていたので、メールが来たのに気付かなかった。

단어

16 飛ぶ[とぶ] 날다, 뛰다
18 検索[けんさく] 검색
20 迷惑[めいわく] 폐　入る[はいる] 들어가다, 들어오다　来た[きた] 왔다　気付く[きづく] 알아차리다, 눈치 채다, 깨닫다

04.mp3

16 URL을 주소창에 복사 붙이기를 해서 이동한다.

17 PC가 자주 멈추게 되었습니다.

18 모르는 것은 인터넷으로 검색해 보면 좋다.

19 메일 서버가 다운되었습니다.

20 스팸메일함에 들어 있었기 때문에, 메일이 온 것을 알아
차리지 못했다.

❀ 표현

16 コピペ는 コピー・アンド・ペースト Copy and Paste의 준말로, 인터넷이 보급되면서
만들어진 말입니다.

17 フリーズ는 영어 freeze를 그대로 쓴 것으로, 이 외에 固まる[かたまる] 굳다라는 말
을 쓰기도 합니다.

20 迷惑メール는 スパム스팸라고도 합니다.

女 ビタミンD3って何だろう。知ってる?

男 ううん、知らない。わからないことはネットで検索してみる
といいよ。

女 じゃ、ググってみよう。

男 ググる派?俺はヤフる派なんだけど。

女 そう。まあ、どっちでもいいよ。あれ、文字化けしちゃって読
めない。

男 エンコードを日本語にしてみて。

女 あ、直った。

男 このサイトがよさそうだね。

女 うん。あれ、パソコンがフリーズしちゃった。最近、パソコン
がよくフリーズするようになったんだ。

男 メモリが足りないんじゃない?

✤ 해석

여 비타민D3라는 게 뭘까. 알아?
남 아니, 몰라. 모르는 것은 인터넷으로 검색해 보면 좋아.
여 그럼 구글로 검색해 보자.
남 구글 검색파야? 나는 야후 검색파인데.
여 그래? 뭐 어느 쪽이든 괜찮아. 어라, 글자가 깨져 버려서 못 읽겠네.
남 인코딩을 일본어로 해 봐.
여 아, 고쳐졌다.
남 이 사이트가 좋은 것 같네.
여 응. 어라, PC가 멈춰 버렸어. 요새 PC가 자주 멈추게 되었거든.
남 메모리가 부족한 거 아냐?

✽단어

何[なん/なに] 무엇 知る[しる] 알다 検索[けんさく] 검색 ～派[は] ～파 俺[おれ]
나(남자) 文字化け[もじばけ] 글자가 깨짐 読む[よむ] 읽다 日本語[にほんご] 일본어
直る[なおる] 고쳐지다 最近[さいきん] 최근, 요새 足りる[たりる] 족하다, 충분하다

✽표현

ビタミンD3って의 ～って는 ～とは~라니, ~라고 하는 것은의 구어체입니다.
속어로 '구글로 검색하는 것'은 ググる, '야후로 검색하는 것'은 ヤフる라고 합니다.

❖ 아하, 일본에서는!

일본어에서는 ~ing가 빠지는 경우가 많아요!

チャット 채팅와 같이 한국어에서는 ~ing의 형태가 되는 단어들 중에서 일본어
에서는 ~ing가 없이 쓰이는 것들이 꽤 있습니다. 예를 들면 ファイト 파이팅, セ
ット 세팅, キャンプ 캠핑 등이 그런 예입니다.

05 夜 밤

01 ごちそうさまでした。

02 こんなにいっぱい残して、もったいない。

03 食事の後片付けは食器洗い機に任せて、テレビを見ます。

04 最近はチャンネルが多くなりすぎて、選ぶのが大変だ。

05 子供たちがいつもチャンネル争いをします。

단어

夜[よる] 밤

02 こんなに 이렇게 いっぱい 많이, 가득 残す[のこす] 남기다 もったいない 아깝다

03 食事[しょくじ] 식사 後片付け[あとかたづけ] 뒤처리, 설거지 食器洗い機[しょっき あらいき] 식기세척기 任せる[まかせる] 맡기다 見る[みる] 보다

04 最近[さいきん] 최근 多い[おおい] 많다 選ぶ[えらぶ] 고르다, 선택하다 大変な[たいへんな] 힘든

05 子供[こども] 아이, 자녀 争い[あらそい] 다툼, 싸움

05.mp3

01 잘 먹었습니다.

02 이렇게 많이 남겨서 아깝다.

03 설거지는 식기세척기에 맡기고 TV를 봅니다.

04 요즘은 채널이 너무 많아져서 고르는 것이 힘들다.

05 아이들이 늘 채널 쟁탈전을 벌입니다.

✿ 표현

01 반말은 ごちそうさま입니다. 한자로 쓰면 ご馳走様가 됩니다.

03 '설거지'를 皿洗い[さらあらい] 접시 씻기라고 하는 사람들도 있는데, 일반적으로는 後片付け라는 말을 씁니다.

04 多くなりすぎては ～くなる~해지다와 ～すぎる너무 ~하다, 지나치게 ~하다가 합해 진 말입니다.

05 チャンネル争いは チャンネル채널와 争い다툼, 싸움가 합해진 말입니다.

05 夜 밤

06 ドラマの続きが早く見たい。

07 昨日のドラマ見逃しちゃったから、再放送見ないと。

08 今日の新聞をまだ読んでなかった。

09 ご飯を食べたら、借りてきたDVDを見ましょう。

10 毎日残業で、家族の顔もろくろく見られません。

🌼 단어

06 続き[つづき] 계속 早く[はやく] 빨리 見る[みる] 보다
07 昨日[きのう] 어제 見逃す[みのがす] 못 보고 놓치다, 볼 기회를 놓치다 再放送[さいほうそう] 재방송
08 今日[きょう] 오늘 新聞[しんぶん] 신문 読む[よむ] 읽다
09 ご飯[ごはん] 밥 食べる[たべる] 먹다 借りる[かりる] 빌리다
10 毎日[まいにち] 매일 残業[ざんぎょう] 잔업, 야근 家族[かぞく] 가족 顔[かお] 얼굴 ろくろく 제대로, 충분히(뒤에 부정표현이 옴)

06 드라마의 다음 회를 빨리 보고 싶다.

07 어제 드라마 못 봤으니까, 재방송을 봐야지.

08 오늘 신문을 아직 읽지 않았네.

09 밥을 먹으면 빌려 온 DVD를 봅시다.

10 매일 야근이라서 가족의 얼굴도 제대로 보지 못합니다.

✿ 표현

07 ～ないとは ～ないといけない~하지 않으면 안 된다의 뒷부분(いけない)이 빠진 것
으로, '~해야지'라는 뜻입니다.

08 読んでなかった는 読んでいなかった의 い가 생략된 말입니다. 직역하면 '읽어 있
지 않았다, 읽은 상태가 아니었다'가 됩니다.

O5 夜 밤

11 読みかけの本を全部読んでから寝よう。

12 夜食にラーメンでも食べようかな。

13 明日、早く起きなきゃならないから、今日は早く寝ます。

14 寝坊しないように目覚ましを3個もかけた。

15 夜更かしは体によくないです。

🌸 단어

11 読む[よむ] 읽다　本[ほん] 책　全部[ぜんぶ] 전부, 다　寝る[ねる] 자다

12 夜食[やしょく] 야식, 밤참　食べる[たべる] 먹다

13 明日[あした] 내일　早く[はやく] 일찍　起きる[おきる] 일어나다　今日[きょう] 오늘

14 寝坊[ねぼう] 늦잠　目覚まし[めざまし] 자명종　3個[さんこ] 3개　かける 걸다. (자명종을)맞추다

15 夜更かし[よふかし] 밤늦게까지 잠을 안 잠　体[からだ] 몸

05.mp3

11 읽다 만 책을 다 읽고 나서 자자.

12 야식으로 라면이라도 먹을까.

13 내일 일찍 일어나야 하니까, 오늘은 일찍 잡니다.

14 늦잠 자지 않도록 자명종을 3개씩이나 맞추었다.

15 밤늦게까지 자지 않는 것은 몸에 좋지 않습니다.

🌸 표현

11 ～かけ는 '～하다 만'이라는 뜻입니다.
12 ～かな～까는 혼잣말에 쓰이는 말투입니다.
14 目覚まし는 目覚まし時計[めざましどけい] 자명종의 준말입니다.

O5 夜 밤

16 明日、何時に起きる？

17 電気は誰が消す？

18 お休みなさい。

19 あんまり暑かったので、エアコンをつけたまま 寝ました。

20 夜中に何度も目が覚めました。

🌸단어

16 明日[あした] 내일 何時[なんじ] 몇 시 起きる[おきる] 일어나다
17 電気[でんき] 전기, 불 誰[だれ] 누구 消す[けす] 끄다
18 お休みなさい[おやすみなさい] 안녕히 주무세요
19 あんまり 너무, 지나치게 暑い[あつい] 덥다 つける 켜다 寝る[ねる] 자다
20 夜中[よなか] 한밤중 何度も[なんども] 몇 번씩이나 目[め] 눈 覚める[さめる] 깨다

05.mp3

16 내일 몇 시에 일어나?

17 불은 누가 꺼?

18 안녕히 주무세요.

19 너무 더워서 에어컨을 켠 채로 잤습니다.

20 한밤중에 몇 번씩이나 잠이 깼습니다.

❀ 표현

18 반말은 お休み잘 자입니다.
19 〜ままは '〜ㄴ 채'라는 뜻입니다.
20 目が覚める는 '잠이 깨다'라는 뜻입니다.

男 ごちそうさまでした。

女 え?もう食べないの?

男 うん。食欲がないんだ。

女 こんなにいっぱい残して、もったいない。

男 後片付け早く済ませて、借りてきたDVD見よう。

女 え～。私、今日はドラマの続きが見たいんだけど。

男 じゃ、DVDはドラマが終わってから見よう。

女 わかった。じゃ、私がドラマ見てる間に後片付けしてくれる?

男 え～、俺一人で?それはひどいよ。

女 でも、ドラマ見てから後片付けをしたら、DVD見る時間がなくなるよ。

男 わかったよ。俺がするよ。すればいいだろ?

✽해석

남 잘 먹었습니다.

여 어? 벌써 안 먹는 거야?

남 응. 식욕이 없거든.

여 이렇게 많이 남겨서 아까워.

남 설거지 빨리 끝내고, 빌려 온 DVD 보자.

여 잉~. 나, 오늘은 드라마의 다음 회를 보고 싶은데.

남 그럼 DVD는 드라마가 끝나고 나서 보자.

여 알았어. 그럼 내가 드라마 보는 사이에 설거지 해 줄래?

남 잉~. 나 혼자서? 그건 너무해.

여 그래도 드라마 보고 나서 설거지를 하면 DVD 볼 시간이 없어져.

남 알았어. 내가 할게. 하면 되지?

✿단어

食べる[たべる] 먹다　食欲[しょくよく] 식욕　残す[のこす] 남기다　後片付け[あとかたづけ] 뒤처리, 설거지　早く[はやく] 빨리　済ませる[すませる] 끝내다, 마치다　借りる[かりる] 빌리다　見る[みる] 보다　私[わたし] 나, 저　今日[きょう] 오늘　続き[つづき] 계속　終わる[おわる] 끝나다　間[あいだ] 사이　俺[おれ] 나(남자)　一人[ひとり] 혼자, 한 명　時間[じかん] 시간

❖아하, 일본에서는!

일본의 TV드라마

한국의 TV드라마는 월화 드라마, 수목 드라마와 같이 1주일에 두 번 방송하는 경우가 많지만, 일본의 TV드라마는 보통 1주일에 한 번만 방송합니다. 드라마가 방송되는 시간 중 유명한 시간대는 フジテレビ 후지TV의 월요일 밤 9시와 목요일 밤 10시입니다. 월요일 9시 드라마를 月9[ゲツク/ゲック], 목요일 10시 드라마를 木10[モクジュウ]라고 부릅니다.

유명한 月9 드라마로는 〈HERO 히어로〉, 〈ラブジェネレーション 러브 제너레이션〉, 〈ロングバケーション 롱 베이케이션〉, 〈ひとつ屋根[やね]の下[した] 한 지붕 아래〉, 〈やまとなでしこ 야마토 나데시코〉, 〈ガリレオ 갈릴레오〉 등이 있습니다. 유명한 木10 드라마로는 〈医龍[いりゅう] 의룡〉 시리즈, 〈風[かぜ]のガーデン 바람의 가든〉, 〈眠[ねむ]れる森[もり] 잠자는 숲〉, 〈愛[あい]という名[な]のもとに 사랑이라는 이름으로〉, 〈白[しろ]い巨塔[きょとう] 하얀 거탑〉 등이 있습니다.

2장

学校生活 학교 생활

일본 학교들은 4월에 시작되고 3월에 끝납니다. 한국과 한 달 차이가 나죠. 초등학교 6년, 중학교 3년, 고등학교 3년이라는 제도는 한국과 같은데 요새 중학교와 고등학교를 연결하여 6년의 '중고일관교육'을 하는 곳이 많아지고 있어서 앞으로 어떻게 변해갈지는 지켜봐야 할 것 같아요. 또 일본 초·중학교는 주5일이라 토요일에 수업을 하지 않아요.

学校生活[がっこう せいかつ] 학교 생활

06 小·中·高校 초·중·고등학교

01 明日はいよいよ入学式です。

02 時間割を見て、教科書の準備をきちんとしなさい。

03 今年4年生になりました。4年1組です。

04 夏休みの最初の1週間は毎朝ラジオ体操をすることになっている。

05 給食は残さないで食べましょう。

❀ 단어

小·中·高校[しょう ちゅう こうこう] 초·중·고등학교
01 明日[あした] 내일 いよいよ 드디어, 마침내 入学式[にゅうがくしき] 입학식
02 時間割[じかんわり] 시간표 見る[みる] 보다 教科書[きょうかしょ] 교과서 準備[じゅんび] 준비 きちんと 정확히, 말끔히, 제대로
03 今年[ことし] 올해, 금년 4年生[よねんせい] 4학년생 4年[よねん] 4학년 1組[いちくみ] 1반
04 夏休み[なつやすみ] 여름방학 最初[さいしょ] 최초, 맨 처음 1週間[いっしゅうかん] 1주일 毎朝[まいあさ] 매일 아침 ラジオ体操[ラジオたいそう] 라디오체조
05 給食[きゅうしょく] 급식 残す[のこす] 남기다 食べる[たべる] 먹다

O1 내일은 드디어 입학식입니다.

O2 시간표를 보고, 교과서 준비를 제대로 해라.

O3 올해 4학년생이 되었습니다. 4학년 1반입니다.

O4 여름방학의 맨 처음 1주일은 매일 아침 라디오체조를 하게 되어 있다.

O5 급식은 남기지 말고 먹읍시다.

표현

01 어린이집이나 유치원의 경우는 入園式[にゅうえんしき]입원식라고 합니다. 참고로 어린이집은 保育園[ほいくえん], 유치원은 幼稚園[ようちえん]이라고 합니다.
03 '~학년 ~반'은 ~年[ねん]~組[くみ]라고 합니다.
04 ラジオ体操는 한국의 국민체조와 비슷한 것으로, 학교에 다닐 때 많이 합니다.

06 小·中·高校 초·중·고등학교

06 PTAの役員になりたがる人はなかなかいない。

07 チャイムが鳴ったら、席に着いてください。

08 放課後、友達と遊ばない子供が増えている。

09 明日は遠足だから、今夜は準備をしないといけません。

10 安全のため、集団登校することになった。

❀ 단어

06 役員[やくいん] 임원, 중역　人[ひと] 사람　なかなか 좀처럼, 쉽사리
07 鳴る[なる] 울리다　席[せき] 자리　着く[つく] 도착하다, 앉다
08 放課後[ほうかご] 방과 후　友達[ともだち] 친구　遊ぶ[あそぶ] 놀다　子供[こども] 아이, 어린이, 자녀　増える[ふえる] 많아지다, 증가되다
09 明日[あした] 내일　遠足[えんそく] 소풍　今夜[こんや] 오늘 밤　準備[じゅんび] 준비
10 安全[あんぜん] 안전　集団登校[しゅうだん とうこう] 집단등교

06.mp3

O6 PTA 임원이 되고 싶어 하는 사람은 좀처럼 없다.

O7 종이 울리면 자리에 앉으세요.

O8 방과 후에 친구들과 놀지 않는 어린이가 많아지고 있다.

O9 내일은 소풍이라서, 오늘 밤에는 준비를 해야 합니다.

1O 안전을 위해 집단등교하게 되었다.

표현

06 PTA는 Parent-Teacher Association의 약칭으로, '사친회'를 가리키는 말입니다.
07 チャイム는 '학교종, 초인종'을 뜻합니다.

06 小·中·高校 초·중·고등학교

11 最近は携帯電話やメールを使ったいじめが多い。

12 中学生になると部活が忙しくなります。

13 宿題をするのを忘れた！

14 予習復習が大切なのはわかっています。

15 担任の先生が怖い。

🌸 단어

11 最近[さいきん] 최근 携帯電話[けいたい でんわ] 휴대전화 使う[つかう] 사용하다 いじめ (왕따와 같은)괴롭힘 多い[おおい] 많다

12 中学生[ちゅうがくせい] 중학생 部活[ぶかつ] 동아리 활동 忙しい[いそがしい] 바쁘다

13 宿題[しゅくだい] 숙제 忘れる[わすれる] 깜빡하다, 잊다

14 予習[よしゅう] 예습 復習[ふくしゅう] 복습 大切な[たいせつな] 소중한, 중요한

15 担任[たんにん] 담임 先生[せんせい] 선생님 怖い[こわい] 무섭다

11 요즘은 휴대전화나 메일을 사용한 괴롭힘이 많다.

12 중학생이 되면 동아리 활동이 바빠집니다.

13 숙제를 하는 것을 깜빡했다!

14 예습 복습이 중요한 것은 알고 있습니다.

15 담임 선생님이 무섭다.

✿ 표현

12 초·중·고등학교에서는 각 동아리를 ~部[ぶ] ~부라고 부르는 경우가 많습니다. 그래서 ~部의 活動[かつどう] 활동이기 때문에 줄여서 部活라고 합니다.

15 怖い는 한자를 恐い로 쓰기도 하지만, 怖い가 상용한자입니다.

06 小·中·高校 초·중·고등학교

16 修学旅行で京都と広島に行きました。

17 私の通っている高校は制服がありません。

18 僕は普通高校へは行かず、高専に入った。

19 教室で騒ぐな。

20 今日の授業はこれで終わりです。

❀ 단어

16 修学旅行[しゅうがく りょこう] 수학여행　行く[いく] 가다

17 私[わたし] 나, 저　通う[かよう] 다니다　高校[こうこう] 고등학교　制服[せいふく] 교복

18 僕[ぼく] 나(남자)　普通高校[ふつう こうこう] 일반고　高専[こうせん] 고전('고등전문학교'의 준말)　入る[はいる] 들어가다, 들어오다

19 教室[きょうしつ] 교실　騒ぐ[さわぐ] 떠들다

20 今日[きょう] 오늘　授業[じゅぎょう] 수업　終わり[おわり] 끝

06.mp3

16 수학여행으로 きょうと와 ひろしま에 갔습니다.

17 제가 다니는 고등학교는 교복이 없습니다.

18 나는 일반고로는 가지 않고 고전에 들어갔다.

19 교실에서 떠들지 마라.

20 오늘 수업은 이것으로 끝입니다.

❀표현

17 私の通っている는 私が通っている라고 해도 됩니다. 참고로 制服의 반대말은 私服[しふく] 사복입니다.

18 高専은 高等専門学校[こうとう せんもん がっこう] 고등전문학교의 준말인데, 중학교 졸업생들이 들어가는 학교로 5년제5년 6개월제도 있음 학교입니다.

06 小·中·高校 초·중·고등학교

21 その先輩は後輩の面倒をよく見てくれる。

22 一番後ろの席で、黒板の字がよく見えません。

23 英語のテストを受けた。

24 文化祭で友達と歌を歌うことにしました。

25 小学生は児童、中高生は生徒、大学生は学生と言う。

🌸단어

21 先輩[せんぱい] 선배 後輩[こうはい] 후배 面倒[めんどう] 돌봄, 보살핌
22 一番[いちばん] 가장, 제일 後ろ[うしろ] 뒤 席[せき] 자리 黒板[こくばん] 칠판 字[じ] 글자, 글씨
23 英語[えいご] 영어 受ける[うける] 받다, (시험을)보다
24 文化祭[ぶんかさい] 문화제(학교 축제) 友達[ともだち] 친구 歌[うた] 노래 歌う[うたう] (노래를)부르다
25 小学生[しょうがくせい] 초등학생 児童[じどう] 아동 中高生[ちゅうこうせい] 중고생 生徒[せいと] 생도, 학생 大学生[だいがくせい] 대학생 学生[がくせい] 학생 言う[いう] 말하다

06.mp3

21 그 선배는 후배를 잘 챙겨 준다.

22 맨 뒷자리라서, 칠판의 글씨가 잘 보이지 않습니다.

23 영어 시험을 보았다.

24 학교 축제에서 친구와 노래를 부르기로 했습니다.

25 초등학생은 아동, 중고생은 생도, 대학생은 학생이라고 한다.

표현

23 テスト는 試験[しけん] 시험이라고도 하는데, 試験은 주로 중요한 시험에 사용되고 일상적으로 자주 보는 시험은 テスト라고 합니다. '시험을 보다'는 受ける를 써서 テスト/試験을 受ける라고 한다는 점에 유의하세요.

24 文化祭는 学園祭[がくえんさい] 학원제, 学校祭[がっこうさい] 학교제, 学院際[がくいんさい] 학원제라고도 하는데, 학교마다 축제에 ~祭[さい] ~제의 형태로 써서 앞부분에 고유의 이름을 붙이는 곳이 많습니다.

25 '초등학생'은 일상회화에서 生徒로 부르는 경우가 많습니다.

06 小·中·高校 초·중·고등학교

26 体の調子が悪かったので早退しました。

27 卒業後の進路で悩んでいる。

28 予備校のサイトで入試情報を調べました。

29 もうすぐセンター試験がある。

30 明日から願書の受付が始まります。

🌸 단어

26 体[からだ] 몸 調子[ちょうし] 상태, 컨디션 悪い[わるい] 나쁘다 早退[そうたい] 조퇴

27 卒業[そつぎょう] 졸업 ～後[ご] ～후 進路[しんろ] 진로 悩む[なやむ] 고민하다

28 予備校[よびこう] (대입 준비)학원 入試情報[にゅうし じょうほう] 입시 정보 調べる[しらべる] 알아보다, 조사하다

29 センター試験[センターしけん] 센터시험(한국의 수능시험과 비슷함)

30 明日[あした] 내일 願書[がんしょ] 원서 受付[うけつけ] 접수 始まる[はじまる] 시작되다

06.mp3

26 몸이 아파서 조퇴했습니다.

27 졸업 후의 진로 때문에 고민하고 있다.

28 대입학원 사이트에서 입시 정보를 알아보았습니다.

29 이제 곧 센터시험이 있다.

30 내일부터 원서 접수가 시작됩니다.

❀ 표현

26 '몸이 아프다'는 体の調子が悪い 몸 상태가 나쁘다라고 합니다. 調子는 具合[ぐあい]상태, 형편라고 해도 됩니다.

28 入試는 入学試験[にゅうがく しけん] 입학시험의 준말입니다.

30 受付는 受け付け, 受付け로도 씁니다.

06 小・中・高校 초・중・고등학교

31 二次試験で落ちた。

32 合格発表は一人で見に行きました。

33 不合格になると思っていなかったから、ショックが大きかった。

34 現役で東大に入るなんて夢のまた夢です。

35 1年浪人したのに、行きたい大学に入れなかった。

단어

31 二次試験[にじしけん] 2차 시험 落ちる[おちる] 떨어지다

32 合格発表[ごうかく はっぴょう] 합격 발표 一人[ひとり] 혼자, 한 명 見る[みる] 보다 行く[いく] 가다

33 不合格[ふごうかく] 불합격 思う[おもう] 생각하다 大きい[おおきい] 크다

34 現役[げんえき] 현역 東大[とうだい] 도쿄대('도쿄대학교'의 준말) 入る[はいる] 들어가다, 들어오다 夢[ゆめ] 꿈 また 또, 다시

35 1年[いちねん] 1년 浪人[ろうにん] 재수생 行く[いく] 가다 大学[だいがく] 대학교

31 2차 시험에서 떨어졌다.

32 합격 발표는 혼자 보러 갔습니다.

33 불합격이 될 거라고 생각하지 않았기 때문에 충격이 컸다.

34 현역으로 도쿄대에 들어가다니 머나먼 꿈입니다.

35 1년 재수했는데, 가고 싶은 대학에 들어가지 못했다.

🌸 표현

33 思っていなかったから는 직역하면 '생각하고 있지 않았기 때문에, 생각하지 않고 있었기 때문에'가 됩니다.

34 夢のまた夢는 직역하면 '꿈의 또 꿈'이 되는데, 꿈속에서 또 꾸는 꿈처럼 헛된 일임을 말합니다. 줄여서 夢の夢라고도 합니다.

06 小·中·高校 초·중·고등학교

36 二浪したほうがいいかどうか悩んでいます。

37 大学で経済学を専攻したい。

38 最近、短大の学生数は減っています。

39 美容専門学校を出て、美容師になるのが夢だ。

40 成績が悪くて留年することになってしまいました。

🌸 **단어**

36 二浪[にろう] 삼수 悩む[なやむ] 고민하다
37 大学[だいがく] 대학교 経済学[けいざいがく] 경제학 専攻[せんこう] 전공
38 最近[さいきん] 최근 短大[たんだい] 단대('단기대학교'의 준말) 学生数[がくせいすう] 학생 수 減る[へる] 줄다, 감소하다
39 美容専門学校[びよう せんもん がっこう] 미용전문학교 出る[でる] 나가다, 나오다 美容師[びようし] 미용사 夢[ゆめ] 꿈
40 成績[せいせき] 성적 悪い[わるい] 나쁘다 留年[りゅうねん] 유급

06.mp3

36 삼수하는 편이 좋을지 (어떨지) 고민하고 있습니다.

37 대학에서 경제학을 전공하고 싶다.

38 최근 단대의 학생 수는 줄고 있습니다.

39 미용전문학교를 나와서 미용사가 되는 것이 꿈이다.

40 성적이 나빠서 유급하게 되고 말았습니다.

🌸 표현

36 '재수', '삼수', '사수'는 一浪[いちろう], 二浪[にろう], 三浪[さんろう]라고 합니다.

38 短大는 短期大学[たんき だいがく] 단기대학교의 준말로, 2년제 대학교를 말합니다.
이는 4년제 대학교를 줄인 학교이며 대부분이 여대입니다.

39 専門学校는 2년제 학교이며, 短大와는 달리 어떤 한 분야에 관한 공부를 집중적으로 하는 학교입니다.

男 試験はどうでしたか。

女 全部だめでした。

男 そうですか。それは残念でしたね。

女 絶対に受かると思っていた大学も、二次試験で落ちてしまったんです。

男 私も君なら合格すると思っていたんですけどね。

女 不合格になると思っていなかったので、ショックが大きかったです。

男 そうでしょうね。浪人するんですか。

女 はい。浪人して、来年受け直します。

男 そうですか。頑張ってください。

✿ 해석

남 시험은 어땠어요?

여 다 안 됐습니다.

남 그래요. 그건 유감이네요.

여 꼭 붙을 거라고 생각했던 대학도 2차 시험에서 떨어져 버렸거든요.

남 나도 자네라면 합격할 거라고 생각했었는데 말이에요.

여 불합격이 될 거라고 생각하지 않았기 때문에 충격이 컸습니다.

남 그렇겠네요. 재수할 건가요?

여 네. 재수해서 내년에 다시 보겠습니다.

남 그렇군요. 힘내요.

✽ 단어

試験[しけん] 시험 **全部[ぜんぶ]** 전부, 다 **残念な[ざんねんな]** 유감스러운, 아쉬운 **絶対に[ぜったいに]** 절대로, 반드시 **受かる[うかる]** 합격하다 **思う[おもう]** 생각하다 **大学[だいがく]** 대학교 **二次試験[にじしけん]** 2차 시험 **落ちる[おちる]** 떨어지다 **私 [わたし]** 나, 저 **君[きみ]** 자네 **合格[ごうかく]** 합격 **不合格[ふごうかく]** 불합격 **大 きい[おおきい]** 크다 **浪人[ろうにん]** 재수생 **来年[らいねん]** 내년 **受ける[うける]** 받다, (시험을)보다 **〜直す[なおす]** 다시 〜하다 **頑張る[がんばる]** 힘내다, 열심히 하다

❖ 아하, 일본에서는!

안전을 위한 집단등하교

集団登校 집단등교라는 말이 나왔는데, 일본에서는 오래 전부터 집단등교를 하는 초등학교가 매우 많았습니다. 그런데 최근 아이들을 대상으로 한 범죄가 많이 일어나서 집단등교를 하지 않았던 곳이 집단등교를 도입하기도 하고, 集団下校[しゅうだん げこう] 집단하교를 하는 곳도 많아지고 있습니다.

일본의 입시시험

한국의 수능시험에 해당되는 것이 大学入試[だいがく にゅうし]センター試験 대학입시센터시험인데, 보통 センター試験이라고 하며, 줄여서 センター 또는 セ試[セし]라고 합니다. 국·공립대학교는 꼭 이 시험을 봐야 하지만 사립대학교는 이 시험을 보지 않아도 되는 대학교가 대부분입니다. 자체적으로 입시를 시행하는 것이죠. 그리고 국·공립대학교도 센터시험의 결과만으로 학생을 뽑는 대학교는 극소수이고, 대부분 각 대학교가 시행하는 2차 시험이 있습니다.

07 大学 대학교

01 入学手続きを済ませました。

02 友達は推薦入学で大学に入学した。

03 私立の大学は学費が高いです。

04 奨学金がもらえることになった。

05 新入生歓迎会が開かれました。

단어

大学[だいがく] 대학교
01 入学手続き[にゅうがく てつづき] 입학 수속　済ませる[すませる] 끝내다, 마치다
02 友達[ともだち] 친구　推薦入学[すいせん にゅうがく] 추천 입학　大学[だいがく]
　　대학교　入学[にゅうがく] 입학
03 私立[しりつ] 사립　学費[がくひ] 학비　高い[たかい] 비싸다
04 奨学金[しょうがくきん] 장학금
05 新入生歓迎会[しんにゅうせい かんげいかい] 신입생 환영회　開く[ひらく] 열다

07.mp3

01 입학 수속을 마쳤습니다.

02 친구는 추천 입학으로 대학에 입학했다.

03 사립 대학교는 학비가 비쌉니다.

04 장학금을 받을 수 있게 되었다.

05 신입생 환영회가 열렸습니다.

표현

03 '국립'은 国立[こくりつ], '공립'은 公立[こうりつ]라고 합니다. 또 일본어에서는 '시립(市立)'도 しりつ라고 발음하므로 '사립(私立)'과 발음 상 구별이 되지 않기 때문에, 이를 구별하기 위해서 私立을 しりつ라고 하지 않고 わたくしりつ라고 하는 경우도 있습니다.

O7 大学 대학교

O6 どのサークルに入るか迷っている。

O7 今日は大学に入ってはじめての飲み会です。

O8 寮での生活は緊張と驚きの連続だった。

O9 大学に入ると勉強しなくなる人が多いそう
です。

10 僕の学科は130単位取らなければ卒業でき
ない。

🌸 단어

O6 入る[はいる] 들어가다, 들어오다 迷う[まよう] 헤매다, 망설이다

O7 今日[きょう] 오늘 大学[だいがく] 대학교 飲み会[のみかい] 술모임, 술자리

O8 寮[りょう] 기숙사 生活[せいかつ] 생활 緊張[きんちょう] 긴장 驚き[おどろき]
놀람 連続[れんぞく] 연속

O9 勉強[べんきょう] 공부 人[ひと] 사람 多い[おおい] 많다

10 僕[ぼく] 나(남자) 学科[がっか] 학과 130単位[ひゃく さんじゅっ たんい] 130학
점 取る[とる] 취득하다, 잡다 卒業[そつぎょう] 졸업

07.mp3

O6 어떤 동아리에 들어갈까 망설이고 있다.

O7 오늘은 대학에 들어가서 처음 있는 술모임입니다.

O8 기숙사에서의 생활은 긴장과 놀람의 연속이었다.

O9 대학에 들어가면 공부하지 않게 되는 사람이 많다고 합니다.

1O 우리 학과는 130학점을 취득하지 않으면 졸업할 수 없다.

표현

06 의문사 どんな 어떤를 쓰게 되면 여러 개 있는 동아리 중 특정된 하나를 뜻하는 것이 아니라, 예를 들면 '규모가 큰 동아리', '스포츠 관련 동아리'와 같이 동아리의 성격을 뜻하게 됩니다.

08 '기숙사'를 나타내는 말에는 寄宿舎[きしゅくしゃ]도 있지만, 寮라는 말을 더 많이 씁니다.

10 일본에서는 '우리 학과', '우리 학교'를 '私/僕/俺の~ 나의 ~'의 형태로 표현합니다. 한국과 같이 '우리'로 표현하는 경우는 うち 안, 집라는 말을 써서 うちの~라고 합니다.

07 大学 대학교

11 海外旅行で学割が利くのを知っていますか。

12 その教授の講義は人気があって、空いている
席が一つもなかった。

13 カンニングしていたのがばれて、必修科目の
単位を落としました。

14 中間試験の結果が悪かった。

15 徹夜でレポートを書いた。

단어

11 海外旅行[かいがい りょこう] 해외여행　学割[がくわり] 학생 할인　利く[きく] 가
능하다, 통하다　知る[しる] 알다

12 教授[きょうじゅ] 교수, 교수님　講義[こうぎ] 강의　人気[にんき] 인기　空く[あく]
비다　席[せき] 자리　一つ[ひとつ] 하나

13 ばれる 들통 나다, 들키다　必修科目[ひっしゅう かもく] 필수과목　単位[たんい] 학
점　落とす[おとす] 떨어뜨리다

14 中間試験[ちゅうかん しけん] 중간시험　結果[けっか] 결과　悪い[わるい] 나쁘다

15 徹夜[てつや] 철야　書く[かく] 쓰다

07.mp3

11 해외여행에서 학생 할인이 가능한 것을 알고 있습니까?

12 그 교수님의 강의는 인기가 있어서, 빈자리가 하나도 없었다.

13 커닝했던 것이 들통 나서, 필수과목에서 F학점을 받았습니다.

14 중간시험의 결과가 나빴다.

15 밤새워 리포트를 썼다.

❀ 표현

11 学割는 学生割引[がくせい わりびき] 학생 할인의 준말입니다.

12 '교수님'이라고 직접 부를 때는 先生[せんせい]라고 불러야 하고, 또 편지 등에도 이름 뒤에 先生라고 쓰는 것이 예의입니다. 空いている席는 직역하면 '비어 있는 자리'지요.

13 単位を落とす 학점을 떨어뜨리다가 'F학점을 받다'라는 뜻입니다.

14 '중간시험', '기말시험(期末試験[きまつ しけん])'은 中間テスト, 期末テスト라고도 하는데, 이 말은 주로 고등학교에서 쓰는 말로 대학교에서는 試験이라는 말을 쓰는 경우가 많아요. 보통 줄여서 中間[ちゅうかん], 期末[きまつ]라고 합니다.

07 大学 대학교

16 図書館で資料を探しました。

17 在学証明書を1通送ってください。

18 来週の講義で発表することになっている。

19 前期は一度も欠席しませんでした。

20 明日は1限から授業だから、寝坊できない。

🌸단어

16 図書館[としょかん] 도서관 資料[しりょう] 자료 探す[さがす] 찾다

17 在学証明書[ざいがく しょうめいしょ] 재학증명서 1通[いっつう] 한 통 送る[おくる] 보내다

18 来週[らいしゅう] 다음 주 講義[こうぎ] 강의 発表[はっぴょう] 발표

19 前期[ぜんき] 전기 一度[いちど] 한 번 欠席[けっせき] 결석

20 明日[あした] 내일 1限[いちげん] 1교시 授業[じゅぎょう] 수업 寝坊[ねぼう] 늦잠

16 도서관에서 자료를 찾았습니다.

17 재학증명서를 한 통 보내 주세요.

18 다음 주 강의에서 발표하게 되어 있다.

19 전기는 한 번도 결석하지 않았습니다.

20 내일은 1교시부터 수업이라서 늦잠을 잘 수 없다.

표현

19 반대말인 '후기'는 後期[こうき]라고 합니다. 일본의 대학교에서는 '1학기, 2학기'라고 하지 않고 '전기, 후기'라고 하는 것이 일반적입니다. 강의는 학기마다 끝나지 않고 1년 동안 하는 경우가 많습니다. 참고로 '개근상'은 皆勤賞[かいきんしょう]라고 합니다.

20 '~교시'는 ~限[げん]이라고 합니다.

07 大学 대학교

21 出席を取らない先生もいる。

22 友達に代返を頼まれました。

23 その教授は遅刻した学生は教室に入れてくれない。

24 休学して1年間留学に行くことにしました。

25 大学を中退して仕事を始めた。

🌸단어

21 出席[しゅっせき] 출석　取る[とる] 잡다, 받다　先生[せんせい] 선생님

22 友達[ともだち] 친구　代返[だいへん] 대리출석　頼む[たのむ] 부탁하다, 의뢰하다

23 教授[きょうじゅ] 교수, 교수님　遅刻[ちこく] 지각　学生[がくせい] 학생　教室[きょうしつ] 교실　入れる[いれる] 넣다, 들여보내다

24 休学[きゅうがく] 휴학　1年間[いちねんかん] 1년간　留学[りゅうがく] 유학　行く[いく] 가다

25 大学[だいがく] 대학교　中退[ちゅうたい] 중퇴　仕事[しごと] 일　始める[はじめる] 시작하다

07.mp3

21 출석을 부르지 않는 선생님도 있다.

22 친구로부터 대리출석을 부탁받았습니다.

23 그 교수님은 지각한 학생은 교실에 들여보내 주지 않는다.

24 휴학하고 1년간 유학 가기로 했습니다.

25 대학을 중퇴하고 일을 시작했다.

✿ 표현

25 '퇴학'은 退学[たいがく]라고 합니다.

07 大学 대학교

26 授業をサボって映画を見に行ってきました。

27 もぐりで講義を受けた。

28 履歴書を書くことから就職活動は始まります。

29 新しいスーツを買った。

30 就職しないでフリーターになろうと思っています。

🌸**단어**

26 授業[じゅぎょう] 수업 サボる 빼먹다, 땡땡이치다 映画[えいが] 영화 見る[みる] 보다 行く[いく] 가다

27 もぐり 허가를 받지 않고 몰래 함, 잠수 講義[こうぎ] 강의 受ける[うける] 받다

28 履歴書[りれきしょ] 이력서 書く[かく] 쓰다 就職活動[しゅうしょく かつどう] 취업활동 始まる[はじまる] 시작되다

29 新しい[あたらしい] 새롭다 買う[かう] 사다

30 就職[しゅうしょく] 취직 思う[おもう] 생각하다

07.mp3

26 수업을 빼먹고 영화를 보러 갔다 왔습니다.

27 신청하지 않은 강의를 몰래 들었다.

28 이력서를 쓰는 것부터 취업활동은 시작됩니다.

29 새 양복을 샀다.

30 취직하지 않고 프리터가 되려는 생각입니다.

표현

27 もぐり는 속어로, 신청을 하지 않은 강의를 몰래 들어가서 듣는 것을 뜻하는 말입니다. もぐる라는 동사의 형태로 쓰이기도 합니다.

28 就職活動는 줄여서 就活[しゅうかつ]라고도 합니다.

29 スーツ에는 '정장'이라는 뜻도 있습니다.

30 フリーターになろうと思っています는 직역하면 '프리터가 되려고 생각하고 있습니다'가 됩니다.

07 大学 대학교

31 入社試験の書類選考は通ったのに面接で落とされた。

32 筆記試験のある会社もあります。

33 入りたかった会社に採用された。

34 どこからも内定がもらえなくて、就職浪人することになりました。

35 採用を取り消されて、どうしていいかわからない。

🌸 단어

31 入社試験[にゅうしゃ しけん] 입사시험　書類選考[しょるい せんこう] 서류전형　通る[とおる] 통과되다, 합격하다　面接[めんせつ] 면접　落とす[おとす] 떨어뜨리다
32 筆記試験[ひっき しけん] 필기시험　会社[かいしゃ] 회사
33 入る[はいる] 들어가다, 들어오다　採用[さいよう] 채용
34 内定[ないてい] 내정　就職浪人[しゅうしょく ろうにん] 취업 재수생
35 取り消す[とりけす] 취소하다

07.mp3

31 입사시험의 서류전형은 합격했는데 면접에서 떨어졌다.

32 필기시험이 있는 회사도 있습니다.

33 들어가고 싶었던 회사에 채용되었다.

34 어디에서도 내정을 받지 못해서, 취업 재수를 하게 되었습니다.

35 채용을 취소당해서 어떻게 하면 좋을지 모르겠다.

표현

31 落とされた를 落ちた[おちた] 떨어졌다라고 표현할 수도 있지만, 落とされた 떨어뜨림을 당했다라는 수동 형태를 씀으로써 떨어진 것에 대한 억울한 마음을 나타내고 있습니다.

O7 大学 대학교

36 大学院への進学率は文系よりも理系の方が
高いです。

37 修士を取ったが、博士課程には進まない。

38 卒論がなかなか書けません。

39 女の人は大学の卒業式ではかまをはく人が
多い。

40 謝恩会ではドレスをレンタルして着ました。

🌸 단어

36 大学院[だいがくいん] 대학원　進学率[しんがくりつ] 진학률　文系[ぶんけい] 문
과　理系[りけい] 이과　〜の方[のほう] 〜가 더　高い[たかい] 높다, 비싸다
37 修士[しゅうし] 석사　取る[とる] 취득하다　博士課程[はくし かてい] 박사과정　進
む[すすむ] 나아가다, 진학하다
38 卒論[そつろん] 졸업논문　なかなか 좀처럼　書く[かく] 쓰다
39 女の人[おんなのひと] 여자　大学[だいがく] 대학교　卒業式[そつぎょうしき] 졸
업식　はかま 기모노를 입은 위에 입는 하의　はく 입다(하의)　人[ひと] 사람　多い[
おおい] 많다
40 謝恩会[しゃおんかい] 사은회　着る[きる] 입다

36 대학원으로의 진학률은 문과보다도 이과가 더 높습니다.

37 석사를 취득했지만, 박사과정에는 진학하지 않는다.

38 졸업논문을 좀처럼 쓸 수 없습니다.

39 여자는 대학 졸업식에서 はかま를 입는 사람이 많다.

40 사은회에서는 드레스를 대여해서 입었습니다.

표현

37 '석사 학위'는 修士号[しゅうしごう], '박사 학위'는 博士号[はくしごう]라고 합니다.

38 卒論은 卒業論文[そつぎょう ろんぶん] 졸업논문의 준말입니다.

40 일본에서는 졸업식 후에 사은회를 하는데, 이때 여학생들은 드레스를 입는 사람이 많습니다.

女 レポート、出した？

男 うん。徹夜で書いたよ。

女 ちゃんと準備しておかないのが悪いんだよ。

男 ね、今日一緒に飲まない？飲まないと眠れそうにないんだ。

女 ごめん。明日１限あるから、今日はちょっと無理。

男 そうなんだ。あ、急がなきゃ。内藤教授の講義なんだ。

女 あの先生、遅刻した学生は教室に入れてくれないでしょう？

男 うん。それとも、サボって映画でも見に行こうか。

女 大丈夫？

男 うん、大丈夫、大丈夫。友達に代返頼んどくから。

✳해석

여 리포트 냈어?

남 응. 밤새워 썼어.

여 착실히 준비해 놓지 않은 것이 나쁜 거야.

남 있잖아, 오늘 같이 마시지 않을래? 안 마시면 못 잘 것 같거든.

여 미안. 내일 1교시가 있어서 오늘은 좀 무리야.

남 그렇구나. 앗, 서둘러야겠다. ないとう교수님의 강의거든.

여 그 선생님, 지각한 학생은 교실에 들여보내 주지 않지?

남 응. 아니면 땡땡이 치고 영화라도 보러 갈까?

여 괜찮아?

남 응. 괜찮아 괜찮아. 친구한테 대리출석 부탁해 놓을 테니까.

✿단어

出す[だす] 내다, 제출하다　徹夜[てつや] 철야, 밤샘　書く[かく] 쓰다　ちゃんと 제대로, 착실하게　準備[じゅんび] 준비　悪い[わるい] 나쁘다　今日[きょう] 오늘　一緒に[いっしょに] 같이, 함께　飲む[のむ] 마시다　眠る[ねむる] 잠들다　明日[あした] 내일　1限[いちげん] 1교시　無理[むり] 무리　急ぐ[いそぐ] 서두르다　教授[きょうじゅ] 교수, 교수님　講義[こうぎ] 강의　先生[せんせい] 선생, 선생님　遅刻[ちこく] 지각　学生[がくせい] 학생　教室[きょうしつ] 교실　入れる[いれる] 넣다, 들여보내다　映画[えいが] 영화　見る[みる] 보다　行く[いく] 가다　大丈夫な[だいじょうぶな] 괜찮은　友達[ともだち] 친구　代返[だいへん] 대리출석　頼む[たのむ] 부탁하다, 의뢰하다

❖ 아하, 일본에서는!

일본의 대학교 성적

한국의 대학교 성적은 A, B, C, D, F로 평가하지만, 일본에서는 대학에 따라 약간 차이가 있기는 해도 주로 優[ゆう]우, 良[りょう]양, 可[か]가, 不可[ふか]불가로 평가합니다. 不可가 F학점이죠. 또 학교에 따라서 優보다 더 높은 학점으로 秀[しゅう]수를 쓰는 대학교도 있습니다.

卒業[そつぎょう]졸업와 修了[しゅうりょう]수료

卒業와 修了라는 말은 한국과 일본에서 다르게 쓰입니다. 일본에서 卒業라는 말은 대학교의 학부 졸업에만 사용합니다. 대학원 과정에서 학점을 다 이수하고 논문만 남은 상태를 한국에서는 '수료'라고 하는데, 일본에서는 単位取得退学[たんい しゅとく たいがく]학점취득퇴학라고 합니다. 그리고 석사 혹은 박사 학위를 받으면 한국에서는 '졸업'이라고 하지만, 일본에서는 修了라고 합니다. 일본 사람이 대학원을 修了했다라고 말하면 졸업을 못 한 것으로 오해하는 한국 사람들이 많아서 한번 짚고 넘어갑니다.

3장 職場生活 직장 생활

학교와 마찬가지로 직장들도 한 해가 4월에 시작되고 3월에 끝납니다. 그래서 5월쯤 되면 五月病[ごがつびょう](5월병)라고 불리는 병에 걸리는 신입사원들이 많답니다. 4월은 새로운 환경에 대한 기대 때문에 의욕이 넘치지만 새로운 환경에 잘 적응하지 못하는 경우 5월쯤 되면 우울증과 비슷한 증상을 보이게 된다고 하네요. 그런 신입사원 시절부터 퇴직을 앞둔 직장인까지에 관한 여러 표현들을 모아 보았습니다.

職場生活[しょくば せいかつ] 직장 생활

O8 新入社員 신입사원

O1 入社式にどんなスーツを着ていったらいいか悩む。

O2 今日ははじめての出勤で緊張しています。

O3 どんな自己紹介をしたら、うまく自分がアピールできるだろう。

O4 挨拶はいつでも、誰にでも、明るく大きな声でするようにしましょう。

O5 定時で帰っていいのかどうか、よくわからない。

✿ 단어

新入社員[しんにゅう しゃいん] 신입사원
01 入社式[にゅうしゃしき] 입사식　着る[きる] 입다　悩む[なやむ] 고민하다
02 今日[きょう] 오늘　出勤[しゅっきん] 출근　緊張[きんちょう] 긴장
03 自己紹介[じこ しょうかい] 자기소개　うまく 잘　自分[じぶん] 자기, 자신
04 挨拶[あいさつ] 인사　誰[だれ] 누구　明るい[あかるい] 밝다　大きな[おおきな]
　　큰　声[こえ] 소리, 목소리
05 定時[ていじ] 정시　帰る[かえる] 돌아가다, 집에 가다

08.mp3

O1 입사식에 어떤 정장을 입고 가면 좋을지 고민된다.

O2 오늘은 첫 출근이라서 긴장하고 있습니다.

O3 어떤 자기소개를 하면 내 자신을 잘 어필할 수 있을까.

O4 인사는 언제라도 누구에게라도 밝고 큰 소리로 하도록 합시다.

O5 칼퇴근해도 될지 (어떨지) 잘 모르겠다.

✿ 표현

01 スーツ는 '양복'이라는 뜻으로도 쓰입니다.
02 出勤은 出社[しゅっしゃ] 출사라고도 합니다.
05 退勤[たいきん] 퇴근이라는 말도 있지만 일상회화에서는 그리 잘 쓰지 않습니다. '칼퇴근'에 해당되는 표현이 없지는 않지만 일반적으로 널리 쓰이지 않기 때문에 定時で帰る 정시에 집에 가다라는 표현으로 나타냈습니다.

08 新入社員 신입사원

06 新入社員は花見の場所取りをさせられるそうです。

07 今日は歓迎会だから、二日酔いにならないように気を付けなくちゃ。

08 今月の末までは研修期間です。

09 毎日お茶くみとコピー取りばかりだ。

10 電話に出るのが怖いです。

🌸 단어

06 新入社員[しんにゅう しゃいん] 신입사원 花見[はなみ] 꽃구경, 벚꽃놀이 場所取り[ばしょとり] 자리 잡기

07 今日[きょう] 오늘 歓迎会[かんげいかい] 환영회 二日酔い[ふつかよい] 숙취 気を付ける[きをつける] 조심하다

08 今月[こんげつ] 이번 달 末[すえ] 말 研修期間[けんしゅう きかん] 연수기간

09 毎日[まいにち] 매일 お茶くみ[おちゃくみ] 차를 끓이는 것, 차를 따르는 것 コピー取り[コピーとり] 복사하기

10 電話[でんわ] 전화 出る[でる] (전화를)받다, 나가다, 나오다 怖い[こわい] 두렵다, 무섭다, 겁나다

08.mp3

06 신입사원에게 벚꽃놀이 자리 잡기를 시킨다고 합니다.

07 오늘은 환영회니까, 숙취가 되지 않도록 조심해야지.

08 이번 달 말까지는 연수기간입니다.

09 매일 차를 끓이는 일과 복사하는 일뿐이다.

10 전화를 받는 것이 두렵습니다.

표현

06 직역하면 '신입사원은 벚꽃놀이 자리 잡기를 시킴을 당한다고 합니다'가 됩니다.

07 ～なくちゃ는 ～なくてはいけない/～なくてはならない～하지 않으면 안 된다, ～해야 한다에서 뒷부분(いけない/ならない)이 빠진 ～なくては의 구어체로, '～해야지'라는 뜻입니다.

O8 新入社員 신입사원

11 名刺をいただけませんか。

12 うちの会社はフレックスを採用しています。

13 三交替で働いている。

14 最近は週休二日の会社がほとんどだ。

15 タイムカードを押し忘れた時は残業手当が付かない。

🌸 단어

11 名刺[めいし] 명함
12 会社[かいしゃ] 회사　採用[さいよう] 채용
13 三交替[さんこうたい] 3교대　働く[はたらく] 일하다
14 最近[さいきん] 최근　週休二日[しゅうきゅう ふつか] 주 5일 근무　ほとんど 거의, 대부분
15 押す[おす] 누르다, 밀다, 찍다　忘れる[わすれる] 잊다, 깜빡하다　時[とき] 때　残業[ざんぎょう] 잔업, 야근　手当[てあて] 수당　付く[つく] 붙다

08.mp3

11 명함을 주시겠습니까?

12 우리 회사는 플랙스 타임제를 채용하고 있습니다.

13 3교대로 일하고 있다.

14 요즘은 주 5일 근무인 회사가 대부분이다.

15 타임카드 찍는 것을 깜빡했을 때는 야근수당이 붙지 않는다.

❀ 표현

11 직역하면 '명함을 받을 수 없겠습니까?'가 되며, 매우 공손한 의뢰 표현입니다.
12 フレックス는 フレックスタイム制[せい] 플랙스 타임제, 근무시간 자유 선택제의 준말입니다.

08 新入社員 신입사원

16 なるべく裏紙を使うようにしてください。

17 課長と打ち合わせをしました。

18 部長に敬語がきちんと使えていないと叱られた。

19 まだ社長に直接会ったことがありません。

20 五月病になっちゃった。

🌸 단어

16 なるべく 되도록　裏紙[うらがみ] 이면지　使う[つかう] 사용하다

17 課長[かちょう] 과장, 과장님　打ち合わせ[うちあわせ] 미리 상의함, 협의함

18 部長[ぶちょう] 부장, 부장님　敬語[けいご] 경어　きちんと 제대로, 정확히, 바르게
　叱る[しかる] 혼내다

19 社長[しゃちょう] 사장, 사장님　直接[ちょくせつ] 직접　会う[あう] 만나다

20 五月病[ごがつびょう] 5월병(4월에 입학/입사한 사람들이 5월쯤에 걸리는 일종의 우울증)

08.mp3

16 되도록 이면지를 쓰도록 하세요.

17 과장님과 미리 의논했습니다.

18 부장님께 경어를 제대로 쓰지 못한다고 혼났다.

19 아직 사장님을 직접 만난 적이 없습니다.

20 5월병에 걸려 버렸어.

❀ 표현

18 きちんと使えていない는 직역하면 '제대로 쓰지 못하고 있다'가 됩니다.

20 직역하면 '5월병이 되어 버렸어'가 됩니다. 〜になっちゃった는 〜になってしまっ
た〜이 되어 버렸다의 구어체입니다.

女 おはようございます。新入社員の吉田奈緒美と申します。
どうぞよろしくお願い致します。

男 おはようございます。ずいぶん緊張しているみたいですね。

女 あ、はい。はじめての出勤なので…。

男 あまり緊張しないで、肩の力を抜いてください。

女 はい。

男 今月の末までは研修期間ですから、それまでに基本的な
ことを覚えればいいですよ。

女 はい。

男 今日は歓迎会だから、二日酔いにならないように気を付け
てくださいね。

女 はい。お気遣い、ありがとうございます。

✽ 해석

여 안녕하세요. 신입사원 요시다 나오미라고 합니다. 잘 부탁드리겠습니다.
남 안녕하세요. 꽤 긴장하고 있는 것 같네요.
여 아, 네. 첫 출근이라서요….
남 너무 긴장하지 말고 어깨의 힘을 빼세요.
여 네.
남 이번 달 말까지는 연수기간이니까, 그때까지 기본적인 것을 외우면 돼요.
여 네.
남 오늘은 환영회니까, 숙취가 되지 않도록 조심하세요.
여 네. 염려해 주셔서 감사합니다.

✿단어

新入社員[しんにゅう しゃいん] 신입사원 **申す**[もうす] 말씀드리다(**言う**[いう](말하다)의 공손한 말) **お願い**[おねがい] 부탁 **致す**[いたす] 하다(**する**의 공손한 말) **緊張**[きんちょう] 긴장 **出勤**[しゅっきん] 출근 **肩**[かた] 어깨 **力**[ちから] 힘 **抜く**[ぬく] 빼다 **今月**[こんげつ] 이번 달 **末**[すえ] 말 **研修期間**[けんしゅう きかん] 연수기간 **基本的な**[きほんてきな] 기본적인 **覚える**[おぼえる] 외우다, 기억하다 **今日**[きょう] 오늘 **歓迎会**[かんげいかい] 환영회 **二日酔い**[ふつかよい] 숙취 **気を付ける**[きをつける] 조심하다 **気遣い**[きづかい] 마음을 씀, 염려, 걱정

❖ 아하, 일본에서는!

일본의 벚꽃놀이

일본 사람들이 벚꽃이 필 때 꽃놀이를 많이 즐긴다는 것은 알고 계시죠? 회사에서 단체로 꽃놀이를 하러 가는 경우도 많은데, 그럴 땐 많은 인원수가 같이 앉을 자리를 구하기가 쉽지 않습니다. 그래서 신입사원들을 꽃놀이 자리 쟁탈전에 투입시키는 경우가 많습니다. 좋은 자리를 차지하기 위해서는 전날 밤부터 밤새워 자리를 지키는 경우도 있지요.

일본의 직함들

主任[しゅにん] 주임 – **係長**[かかりちょう] 대리 – **課長**[かちょう] 과장 – **次長**[じちょう] 차장 – **部長**[ぶちょう] 부장 – **本部長**[ほんぶちょう] 본부장 – **監査役**[かんさやく] 감사 – **常務**[じょうむ] 상무 – **専務**[せんむ] 전무 – **社長**[しゃちょう] 사장 – **会長**[かいちょう] 회장

O9 職場で 직장에서

O1 あの人は上司にはゴマをするけど、部下には冷たい。

O2 管理職は残業代がもらえません。

O3 ここのところ、残業続きの毎日だ。

O4 不況で出張の回数が減った。

O5 この書類を韓国語に翻訳してください。

🌸 **단어**

職場[しょくば] 직장
01 人[ひと] 사람 上司[じょうし] 상사 ゴマ 참깨 する 갈다 部下[ぶか] 부하 冷たい[つめたい] 차갑다
02 管理職[かんりしょく] 관리직 残業代[ざんぎょうだい] 야근수당
03 ～続き[つづき] ～연속, 계속해서 ～ 毎日[まいにち] 매일
04 不況[ふきょう] 불황 出張[しゅっちょう] 출장 回数[かいすう] 횟수 減る[へる] 줄다, 감소되다
05 書類[しょるい] 서류 韓国語[かんこくご] 한국어 翻訳[ほんやく] 번역

09.mp3

01 저 사람은 상사에게는 아첨을 하지만, 부하에게는 냉정 하다.

02 관리직은 야근수당을 받지 못합니다.

03 요 근래 매일 계속해서 야근이다.

04 불황 때문에 출장 횟수가 줄었다.

05 이 서류를 한국어로 번역해 주세요.

표현

01 ゴマをする 참깨를 갈다는 '아첨하다, 알랑거리다'라는 뜻의 관용구입니다.

02 残業代는 직역하면 '잔업값, 잔업대금'이 됩니다.

04 참고로 '불경기'는 不景気[ふけいき]라고 합니다.

09 職場で 직장에서

06 電話をしたときは必ずメモを取るようにして
いる。

07 この書類をシュレッダーにかけるのを忘れな
いでください。

08 この書類をプリントアウトしてください。

09 これをファックスで送ってください。

10 経理部に領収書を回した。

🌸 단어

06 電話[でんわ] 전화 必ず[かならず] 반드시 取る[とる] 기록하다, 잡다
07 書類[しょるい] 서류 かける 넣다, 걸다 忘れる[わすれる] 잊다
09 送る[おくる] 보내다
10 経理部[けいりぶ] 경리부 領収書[りょうしゅうしょ] 영수증 回す[まわす] 돌리
다, 보내다

09.mp3

O6 전화를 했을 때는 반드시 메모를 하도록 하고 있다.

O7 이 서류를 문서 절단기에 넣는 것을 잊지 마세요.

O8 이 서류를 출력해 주세요.

O9 이것을 팩스로 보내 주세요.

1O 경리부에 영수증을 보냈다.

표현

10 한국에서 흔히 말하는 영수증계산대에서 주는 것은 일본어로 レシート라고 합니다. 領収書라는 것은 손으로 금액을 쓴 작은 서류를 뜻합니다.

O9 職場で 직장에서

11 これは経費で落とせますか。

12 見積もりを出したが、高すぎると断わられた。

13 売上予算を立てるのは、どの企業でもしていることだ。

14 プレゼンの準備がまだ終わっていません。

15 パワポや資料の見やすさも、プレゼンの結果に影響する。

🌸 단어

11 経費[けいひ] 경비　落とす[おとす] 처리하다, 떨어뜨리다

12 見積もり[みつもり] 견적　出す[だす] 내다　高い[たかい] 비싸다, 높다　断る[ことわる] 거절하다

13 売上予算[うりあげ よさん] 매상 예산　立てる[たてる] 세우다　企業[きぎょう] 기업

14 準備[じゅんび] 준비　終わる[おわる] 끝나다

15 資料[しりょう] 자료　見る[みる] 보다　結果[けっか] 결과　影響[えいきょう] 영향

11 이것은 경비로 처리할 수 있습니까?

12 견적을 냈지만, 너무 비싸다고 거절당했다.

13 매상 예산을 세우는 것은 어느 기업에서도 하고 있는 일이다.

14 프레젠테이션의 준비가 아직 끝나지 않았습니다.

15 파워포인트나 자료가 얼마나 보기 쉬운지도 프레젠테이션의 결과에 영향을 준다.

🌸 표현

11 '경비로 처리하다'를 経費で落とす 경비로 떨어뜨리다라고 합니다.
12 ～すぎる는 '너무 ～하다, 지나치게 ～하다'라는 뜻입니다.
13 売上는 売上げ, 売り上げ로도 씁니다.
14 プレゼン은 プレゼンテーション presentation의 준말입니다.
15 パワポ는 パワーポイント 파워포인트의 준말입니다. ～やすさ는 ～やすい～하기 쉽다의 명사 형태로, 見やすさ는 직역하면 '보기 쉬움'이 됩니다.

09 職場で 직장에서

16 4階の会議室で2時から会議があります。

17 会議の際、事前に根回しをしておくと楽だ。

18 多数決を取ります。

19 係長までは簡単に昇進できる。

20 別に出世したいとは思いません。

✿ 단어

16 4階[よんかい] 4층 会議室[かいぎしつ] 회의실 2時[にじ] 2시 会議[かいぎ] 회의

17 際[さい] 때, 즈음 事前[じぜん] 사전 根回し[ねまわし] 사전 공작 楽な[らくな] 편한

18 多数決[たすうけつ] 다수결 取る[とる] 취하다

19 係長[かかりちょう] 대리, 계장 簡単な[かんたんな] 간단한, 쉬운 昇進[しょうしん] 승진

20 別に[べつに] 별로, 특별히 出世[しゅっせ] 출세 思う[おもう] 생각하다

09.mp3

16 4층 회의실에서 2시부터 회의가 있습니다.

17 회의 때, 미리 사전 공작을 해 두면 편하다.

18 다수결을 하겠습니다.

19 대리까지는 쉽게 승진할 수 있다.

20 별로 출세하고 싶다고는 생각하지 않습니다.

❋ 표현

18 '다수결을 하다'라고 할 때는 동사 取る를 써서 多数決を取る라고 한다는 점에 유의하세요.

09 職場で 직장에서

21 今日は取引先に直行する。

22 外回りが終わったら直帰します。

23 今日は定時で上がって一杯飲みに行こう。

24 有給がまだ残っています。

25 男の人でも育児休暇を取る人が増えている。

🌸 단어

21 今日[きょう] 오늘 取引先[とりひきさき] 거래처 直行[ちょっこう] 직행

22 外回り[そとまわり] 외근 終わる[おわる] 끝나다 直帰[ちょっき] 현지 퇴근

23 定時[ていじ] 정시 上がる[あがる] 끝나다, 올라가다 一杯[いっぱい] 한 잔 飲む
[のむ] 마시다 行く[いく] 가다

24 有給[ゆうきゅう] 유급휴가 残る[のこる] 남다

25 男の人[おとこのひと] 남자 育児休暇[いくじ きゅうか] 육아휴가 取る[とる] 내
다, 잡다, 취하다 人[ひと] 사람 増える[ふえる] 많아지다, 증가되다

09.mp3

21 오늘은 거래처로 직행한다.

22 외근이 끝나면 현지 퇴근합니다.

23 오늘은 정시에 마치고 한잔 마시러 가자.

24 유급휴가가 아직 남아 있습니다.

25 남자라도 육아휴가를 내는 사람이 많아지고 있다.

표현

24 有給는 有給休暇[ゆうきゅう きゅうか] 유급휴가의 준말입니다.

25 育児休暇는 줄여서 育休[いくきゅう]라고 합니다. 참고로 '출산휴가'는 出産休暇[しゅっさん きゅうか]라고 하는데, 줄여서 産休[さんきゅう]라고 합니다.

O9 職場で 직장에서

26 日曜日は接待ゴルフで忙しかったです。

27 お得意様は大事にしないといけない。

28 吉田さんはできる営業マンで有名です。

29 上司に毎年お中元とお歳暮を贈っている。

3O 忘年会の幹事を任せられました。

🌸 단어

26 日曜日[にちようび] 일요일　接待[せったい] 접대　忙しい[いそがしい] 바쁘다
27 お得意様[おとくいさま] 단골, 단골손님, 고객　大事な[だいじな] 중요한, 소중한
28 営業[えいぎょう] 영업　有名な[ゆうめいな] 유명한
29 上司[じょうし] 상사　毎年[まいとし] 매년　中元[ちゅうげん] 백중날 선물　歳暮[せいぼ] 연말 선물　贈る[おくる] 선물하다, 보내다
30 忘年会[ぼうねんかい] 망년회　幹事[かんじ] 간사　任せる[まかせる] 맡기다

09.mp3

26 일요일은 접대 골프 때문에 바빴습니다.

27 단골고객은 소중히 해야 한다.

28 よしだ씨는 능력 있는 영업맨으로 유명합니다.

29 상사에게 매년 백중날 선물과 연말 선물을 보내고 있다.

30 망년회 간사를 떠맡았습니다.

🌸 표현

28 여자의 경우는 営業ウーマン영업우먼이 됩니다.

29 일상적으로는 앞에 お를 붙여서 お中元, お歳暮라고 합니다.

30 한국어로 '떠맡다'라고 하면 스스로가 원해서 한 것처럼 느껴지죠? 일본어의 任せら
れる는 수동 형태를 취하고 있는 표현으로, 주어의 의지와 관계없이 맡겨졌음을 뜻
합니다. 참고로 '신년회'는 新年会[しんねんかい]라고 합니다.

09 職場で 직장에서

31 ボーナスがどのくらい出るかな。

32 うちの会社は毎月25日が給料日です。

33 単身赴任をしたことがある。

34 地方の支店に転勤させられることになりました。

35 3月で転職するつもりだ。

🌸 단어

31 出る[でる] 나오다, 나가다
32 会社[かいしゃ] 회사　毎月[まいつき] 매월, 매달　給料日[きゅうりょうび] 월급날
33 単身赴任[たんしん ふにん] 단신부임
34 地方[ちほう] 지방　支店[してん] 지점　転勤[てんきん] 전근
35 3月[さんがつ] 3월　転職[てんしょく] 전직

31 보너스가 얼마나 나올까.

32 우리 회사는 매월 25일이 월급날입니다.

33 단신부임을 한 적이 있다.

34 지방 지점으로 전근 당하게 되었습니다.

35 3월로 전직할 생각이다.

❀ 표현

34 참고로 '본점'은 本店[ほんてん], '본사'는 本社[ほんしゃ], '지사'는 支社[ししゃ]
라고 합니다.

먼저 오디오를 듣고 따라 말해 보세요!

09 職場で 직장에서

36 同僚が会社を辞めてしまいました。

37 このままじゃリストラされてしまうかもしれない。

38 とうとう首になりました。

39 仕事しか知らない会社人間は退職した後が心配だ。

40 なぜ天下りは無くならないのでしょうか。

단어

36 同僚[どうりょう] 동료 会社[かいしゃ] 회사 辞める[やめる] 그만두다
38 とうとう 드디어, 마침내 首[くび] 목
39 仕事[しごと] 일, 직업 知る[しる] 알다 会社人間[かいしゃ にんげん] 회사인간 (회사밖에 모르는 사람) 退職[たいしょく] 퇴직 後[あと] 후 心配[しんぱい] 걱정
40 天下り[あまくだり] 낙하산 인사 無くなる[なくなる] 없어지다

09.mp3

36 동료가 회사를 그만둬 버렸습니다.

37 이대로 가면 잘릴지도 모른다.

38 드디어 해고되었습니다.

39 일밖에 모르는 회사인간은 퇴직한 후가 걱정이다.

40 왜 낙하산 인사는 없어지지 않는 걸까요?

표현

37 リストラ는 リストラクチュアリング restructuring의 준말로, '구조 개혁'이라는 뜻입니다. 이에 따라 잘리는 사람들이 많아 일반적으로 '잘리다, 해고되다'의 뜻으로 쓰이고 있습니다. 참고로 '실업'은 失業[しつぎょう]라고 합니다.

38 首になる는 '목이 잘리다, 해고되다'라는 뜻입니다. 首を切る[くびを きる] 목을 자르다, 解雇[かいこ] 해고라는 표현도 있습니다.

39 참고로 '정년퇴직'은 定年退職[ていねん たいしょく]라고 합니다.

男 キムさん、この書類を韓国語に翻訳してください。

女 はい、わかりました。

男 翻訳が終わったら、プリントアウトして、この番号にファックスで送ってもらえますか。

女 はい、ファックスで送るんですね。

男 ええ。それから、午後は野村さんのお店にご挨拶に行ってください。

女 渋谷にあるお店ですよね。

男 ええ、そうです。お得意様は大事にしないといけませんからね。

女 はい、わかりました。

男 それが終わったら直帰していいですよ。

✿ 해석

남 김 씨, 이 서류를 한국어로 번역해 주세요.

여 네, 알겠습니다.

남 번역이 끝나면 출력해서 이 번호로 팩스로 보내 줄 수 있어요?

여 네, 팩스로 보내는 거죠?

남 네. 그리고 오후에는 のむら씨네 가게에 인사하러 가 주세요.

여 しぶや에 있는 가게죠?

남 네, 그래요. 단골고객은 소중히 해야 하니까요.

여 네, 알겠습니다.

남 그게 끝나면 현지 퇴근해도 돼요.

☀ 단어

書類[しょるい] 서류 **韓国語[かんこくご]** 한국어 **翻訳[ほんやく]** 번역 **終わる[おわ る]** 끝나다 **番号[ばんごう]** 번호 **送る[おくる]** 보내다 **午後[ごご]** 오후 **店[みせ]** 가 게 **挨拶[あいさつ]** 인사 **行く[いく]** 가다 **お得意様[おとくいさま]** 단골, 고객 **大事 な[だいじな]** 소중한, 중요한 **直帰[ちょっき]** 현지 퇴근

❖ 아하, 일본에서는!

'불경기한 얼굴'은 어떤 얼굴?

不景気라는 말은 한국어와 달리 활기가 없는 것에 대해서도 사용됩니다. 대표 적인 예가 不景気な顔[かお]をするな 기운 없는/맥 빠진 얼굴을 하지 마라는 표 현입니다. 직역하면 '불경기한 얼굴'인데 재미있는 표현이죠?

お中元[ちゅうげん] 백중날 선물과 お歳暮[せいぼ] 연말 선물

일본에서는 1년에 두 번 회사 상사나 거래처, 신세를 많이 진 사람 등에게 선물 을 보내는 관습이 있습니다. 보내는 시기는, お中元은 지역에 따라 차이가 나는 데 도쿄를 중심으로 한 지역은 6월 하순부터 7월 15일까지, 오사카부터 서쪽은 7월 초부터 8월 15일까지 보냅니다. お歳暮는 12월 초부터 20일경까지 보내는 것이 좋다고 하는데, 요새는 11월 하순부터 보내기 시작한다고 합니다. 선물 금 액은 3,000엔~5,000엔 정도라고 합니다.

4장 主婦生活 주부 생활

여기에서는 주부들의 일상생활에서 사용될 만한 표현들을 모아 보았습니다. 주부라면 아무래도 집안일에 관한 표현들을 많이 쓰겠죠? 또 시간을 잘 활용해서 취미활동을 하는 주부들도 많고요. 그래서 집안일과 취미활동을 중심으로 정리해 보았습니다.

主婦生活[しゅふ せいかつ] 주부 생활

10 主婦の朝 주부의 아침

01 朝ですよ。起きなさい。

02 ちゃんと朝ごはんを食べてから行きなさい。

03 去年から毎朝ウォーキングしています。

04 平日は子供たちのお弁当を作らなくてはいけません。

05 家族が皆出掛けた後、一人でゆっくりお茶を飲んだ。

🌸 단어

主婦[しゅふ] 주부 　朝[あさ] 아침

01 起きる[おきる] 일어나다

02 ちゃんと 제대로, 확실히 　朝ごはん[あさごはん] 아침밥 　食べる[たべる] 먹다 　行く[いく] 가다

03 去年[きょねん] 작년 　毎朝[まいあさ] 매일 아침

04 平日[へいじつ] 평일 　子供[こども] 아이, 자녀, 어린이 　弁当[べんとう] 도시락 　作る[つくる] 만들다

05 家族[かぞく] 가족 　皆[みな] 모두 　出掛ける[でかける] 외출하다, 나가다 　後[あ

O1 아침이에요. 일어나라.

O2 제대로 아침밥을 먹고 나서 가라.

O3 작년부터 매일 아침 워킹을 하고 있습니다.

O4 평일은 아이들의 도시락을 만들어야 합니다.

O5 가족들이 모두 나간 후, 혼자서 느긋하게 차를 마셨다.

と] 후　一人[ひとり] 혼자, 한 명　ゆっくり 천천히, 느긋하게　お茶[おちゃ] (마시는) 차　飲む[のむ] 마시다

🌸 표현

05 皆는 みんな라고도 하는데, みんな가 더 구어체입니다.

10 主婦の朝 주부의 아침

06 洗濯物が溜まってしまいました。

07 洗濯機に洗濯物を入れる。

08 冬の寒い日は洗濯物を干すのがつらいです。

09 乾燥機で洗濯物を乾かす。

10 このズボンは色落ちするから、別で洗わない
といけません。

🌸 단어

06 洗濯物[せんたくもの] 빨랫감 溜まる[たまる] 쌓이다
07 洗濯機[せんたくき] 세탁기 入れる[いれる] 넣다
08 冬[ふゆ] 겨울 寒い[さむい] 춥다 日[ひ] 날 干す[ほす] 널다 つらい 괴롭다
09 乾燥機[かんそうき] 건조기 乾かす[かわかす] 말리다
10 ズボン 바지 色落ち[いろおち] 물이 빠짐, 색이 빠짐 別で[べつで] 따로 洗う[あらう] 씻다, 빨다

10.mp3

O6 빨랫감이 쌓여 버렸습니다.

O7 세탁기에 빨랫감을 넣다.

O8 겨울의 추운 날에는 빨래를 너는 것이 괴롭습니다.

O9 건조기로 빨래를 말리다.

1O 이 바지는 색이 빠지기 때문에 따로 빨아야 합니다.

표현

07 洗濯機는 발음이 せんたっき로 들릴 겁니다. 이는 せんたくき의 く의 모음이 무성화가 되기 때문입니다.

10 主婦の朝 주부의 아침

11 シャツにアイロンをかける。

12 冬物をクリーニングに出しました。

13 本棚の本の上にほこりが溜まっていた。

14 掃除機をかけてから、雑巾で床をふきます。

15 雑巾がけは面倒くさいから、モップで床をふ
いた。

🌸 단어

12 冬物[ふゆもの] 겨울 옷, 겨울 의류 出す[だす] 내다
13 本棚[ほんだな] 책장 本[ほん] 책 上[うえ] 위 ほこり 먼지 溜まる[たまる] 쌓이다
14 掃除機[そうじき] 청소기 かける (기계 등을 움직여)작동시키다, 걸다 雑巾[ぞうきん] 걸레 床[ゆか] 마루, 바닥 ふく 닦다, 훔치다
15 雑巾がけ[ぞうきんがけ] 걸레질 面倒くさい[めんどうくさい] 귀찮다 モップ 밀대 걸레

10.mp3

11 셔츠에 다리미질을 한다.

12 겨울 옷을 세탁소에 맡겼습니다.

13 책장의 책 위에 먼지가 쌓여 있었다.

14 청소기를 돌리고 나서 걸레로 바닥을 닦습니다.

15 걸레질은 귀찮아서 밀대걸레로 바닥을 닦았다.

표현

11 '다리미질을 하다'라고 할 때는 동사 かける를 써서 アイロンをかける라고 한다는 점에 유의하세요.
12 참고로 '여름 옷, 여름 의류'는 夏物[なつもの]라고 합니다.
15 面倒くさい는 구어체에서는 めんどくさい로 발음하는 경우가 많습니다.

10 主婦の朝 주부의 아침

16 窓をふいてから、玄関を掃きました。

17 ゴミは8時半までにゴミ捨て場に出さなければならない。

18 風呂掃除をしている時に、電話がかかってきました。

19 新聞を読んで広告をチェックした。

20 最近、趣味で英語の勉強を始めました。

✿단어

16 窓[まど] 창문　玄関[げんかん] 현관　掃く[はく] (비로)쓸다

17 ゴミ 쓰레기　8時[はちじ] 8시　半[はん] 반　ゴミ捨て場[ゴミすてば] 쓰레기 버리는 곳　出す[だす] 내다

18 風呂掃除[ふろ そうじ] 욕실 청소　時[とき] 때　電話[でんわ] 전화

19 新聞[しんぶん] 신문　読む[よむ] 읽다　広告[こうこく] 광고, 전단

20 最近[さいきん] 최근, 요새　趣味[しゅみ] 취미　英語[えいご] 영어　勉強[べんきょう] 공부　始める[はじめる] 시작하다

10.mp3

16 창문을 닦고 나서 현관을 쓸었습니다.

17 쓰레기는 8시 반까지 쓰레기 버리는 곳에 내야 한다.

18 욕실 청소를 하고 있을 때 전화가 걸려 왔습니다.

19 신문을 읽고 광고지를 체크했다.

20 요새 취미로 영어 공부를 시작했습니다.

✿ 표현

19 広告는 チラシ라고도 합니다.

女 朝ですよ。起きないの?

男 今日は会社休みだから、ゆっくり寝かせてよ。

女 はいはい、わかりました。じゃ、私、ちょっと出掛けてくるから。

男 出掛けるって、こんな時間にどこに行くの?

女 ウォーキング。去年から毎朝ウォーキングしてるの。

男 そうか。

女 今洗濯機回してるから、悪いけど終わったら干しといて。

男 え?!

女 休みの日なんだから、ちょっと手伝ってよ。

男 わかったよ。

女 それから、掃除機をかけてから、雑巾で床をふいてね。

男 え～、ちょっとひどすぎるんじゃない?

※ 해석

여 아침이에요. 안 일어나?

남 오늘은 회사 쉬니까, 푹 자게 해 줘.

여 네 네, 알았어요. 그럼, 나 잠깐 나갔다 올게.

남 나간다니, 이런 시간에 어디에 가는 거야?

여 워킹. 작년부터 매일 아침 워킹하고 있거든.

남 그렇구나.

여 지금 세탁기 돌리고 있으니까, 미안하지만 끝나면 널어 놔 줘.

남 이?!

여 쉬는 날이니까 좀 도와줘.

남 알았어.

여 그리고 청소기를 돌리고 나서 걸레로 바닥을 닦아 줘.

남 잉～, 좀 너무 심한 거 아냐?

✽ 단어

朝[あさ] 아침　起きる[おきる] 일어나다　今日[きょう] 오늘　会社[かいしゃ] 회사　休み[やすみ] 쉬는 날　寝かせる[ねかせる] 재우다　私[わたし] 나, 저　出掛ける[でかける] 나가다, 외출하다　時間[じかん] 시간　行く[いく] 가다　去年[きょねん] 작년　毎朝[まいあさ] 매일 아침　今[いま] 지금　洗濯機[せんたくき] 세탁기　回す[まわす] 돌리다　悪い[わるい] 나쁘다, 미안하다　終わる[おわる] 끝나다　干す[ほす] 널다　日[ひ] 날　手伝う[てつだう] 돕다　掃除機[そうじき] 청소기　雑巾[ぞうきん] 걸레　床[ゆか] 바닥

✽ 표현

出掛けるって의 ～って는 '～라니, ～라는 것은'이라는 뜻입니다.

❖ 아하, 일본에서는!

세탁기, 드럼이냐 통돌이냐!

한국에서는 요새 드럼 세탁기가 주류지만, 일본에서는 통돌이 세탁기가 주류입니다. 물론 드럼 세탁기도 판매하지만, 잘 사지 않고 물건 수도 매우 적습니다. 친정집에서 몇 년 전에 세탁기를 사러 갔을 때 통돌이와 드럼 중에 어떤 것이 더 좋은지 물어봤더니, 점원이 설명하기를 만약 건조기능을 많이 쓸 거라면 드럼이 손상은 적지만, 건조기능을 많이 쓰지 않을 거라면 통돌이가 더 세탁력이 좋고 시간도 절약되니까 좋다고 하더군요. 그러고 보니 일본에는 이불 건조기가 있는 집이 많은데, 이불 건조기에는 대부분 빨래 건조기능이 있어서 빨래 건조는 그걸로 하는 집이 많습니다. 그래서 일본에서는 통돌이가 더 일반적인지도 모르겠네요.

11 主婦の昼 주부의 낮

01 今日は卵が半額だ。

02 明日は冷凍食品が3割引になります。

03 これがたったの100円?!

04 特売日に買い溜めしておきます。

05 レジに並んで順番を待った。

🌸 단어

主婦[しゅふ] 주부 昼[ひる] 낮
01 今日[きょう] 오늘 卵[たまご] 계란, 알 半額[はんがく] 반액, 반값
02 明日[あした] 내일 冷凍食品[れいとう しょくひん] 냉동식품 3割引[さんわりび
   き] 30% 할인
03 たった 겨우, 단
04 特売日[とくばいび] 특매일 買い溜め[かいだめ] (필요 이상으로)미리 사 놓음
05 レジ 계산대 並ぶ[ならぶ] 줄서다 順番[じゅんばん] 순서 待つ[まつ] 기다리다

O1 오늘은 계란이 반값이다.

O2 내일은 냉동식품이 30% 할인이 됩니다.

O3 이것이 단돈 100엔?!

O4 특매일에 미리 사 놓습니다.

O5 계산대에 줄서서 순서를 기다렸다.

❀ 표현

04 買い溜めđ는 사전에 '사재기, 매점'이라는 뜻밖에 나와 있지 않은데, 그건 보통 買い
占め[かいしめ]라고 합니다. 일상적으로 買い溜めた라는 말은 싸게 팔 때 필요 이상
으로 미리 사 놓는 것을 뜻합니다.

11 主婦の昼 주부의 낮

06 レジでお金を払ったらスッカラカンになりました。

07 コンビニで雑誌を買った。

08 フィットネスクラブに通い始めました。

09 エステで肌のお手入れをしてもらっている。

10 来週からパートを始めることにしました。

🌸 단어

06 お金[おかね] 돈 払う[はらう] 지불하다 スッカラカン 텅텅 빔, 빈털터리
07 コンビニ 편의점 雑誌[ざっし] 잡지 買う[かう] 사다
08 通う[かよう] 다니다 ～始める[はじめる] ～하기 시작하다
09 肌[はだ] 피부 手入れ[ていれ] 손질
10 来週[らいしゅう] 다음 주 パート 파트 일, 단시간 근무, 아르바이트

06 계산대에서 돈을 냈더니 빈털터리가 되었습니다.

07 편의점에서 잡지를 샀다.

08 피트니스 클럽에 다니기 시작했습니다.

09 에스테틱에서 피부 손질을 받고 있다.

10 다음 주부터 파트 일을 시작하기로 했습니다.

표현

07 コンビニ는 コンビニエンスストアconvenience store의 준말입니다.
08 한국에서 흔히 말하는 '헬스클럽'은 일본에서 フィットネスクラブ나 スポーツクラ ブ, スポーツジム라고 합니다.
09 エステ는 エステティックesthetique의 준말로, 회화에서는 준말을 많이 씁니다.
10 パート는 슈퍼의 계산대나 각종 배달 등 주부들이 하는 아르바이트를 말합니다.

11 主婦の昼 주부의 낮

11 今ダイエット中です。

12 昼ごはんは昨日の残り物で済ませた。

13 お店で主婦仲間と一緒に昼ごはんを食べました。

14 このお店はランチメニューがいい。

15 3時のお茶に友達を呼びました。

❀ 단어

11 今[いま] 지금　〜中[ちゅう] 〜중
12 昼ごはん[ひるごはん] 점심밥　昨日[きのう] 어제　残り物[のこりもの] 남은 것　済ませる[すませる] 끝내다, 마치다, 때우다
13 店[みせ] 가게　主婦仲間[しゅふ なかま] 주부 친구들　一緒に[いっしょに] 같이, 함께　食べる[たべる] 먹다
15 3時[さんじ] 3시　お茶[おちゃ] (마시는)차　友達[ともだち] 친구　呼ぶ[よぶ] 부르다

11.mp3

11 지금 다이어트 중입니다.

12 점심밥은 어제 남은 것으로 때웠다.

13 가게에서 주부 친구들과 함께 점심을 먹었습니다.

14 이 가게는 런치메뉴가 좋다.

15 3시에 차를 마시자고 친구를 불렀습니다.

표현

12 昼ごはん은 한자로 쓰는 경우도 있는데 昼御飯이라고 씁니다.

15 직역하면 '3시의 차에 친구를 불렀습니다'가 됩니다. 일본에서는 오후 3시가 간식시
간이며, 이때 차를 마시면서 간식을 먹는 사람이 많습니다.

11 主婦の昼 주부의 낮

16 梅の時期なので梅酒を作った。

17 洗濯物を取り込んで、畳んで、しまいました。

18 お菓子作りが趣味で、子供に手作りお菓子を食べさせている。

19 子供におやつを食べさせて、塾に行かせました。

20 子供を塾まで迎えに行った。

❀ 단어

16 梅[うめ] 매실　時期[じき] 시기　梅酒[うめしゅ] 매실주　作る[つくる] 만들다
17 洗濯物[せんたくもの] 빨래감　取り込む[とりこむ] 거두어들이다　畳む[たたむ] 개다　しまう 넣다, 정리하다
18 お菓子作り[おかし づくり] 과자 만들기　趣味[しゅみ] 취미　子供[こども] 아이, 자녀, 어린이　手作り[てづくり] 손수 만듦, 수제　食べる[たべる] 먹다
19 おやつ 간식　塾[じゅく] 학원　行く[いく] 가다
20 迎える[むかえる] 맞이하다

16 매실이 한철이라서 매실주를 만들었다.

17 빨랫감을 걷어서 개어 넣었습니다.

18 과자 만드는 것이 취미라서, 아이에게 손수 만든 과자를 먹이고 있다.

19 아이에게 간식을 먹이고 학원에 보냈습니다.

20 아이를 학원까지 마중하러 갔다.

표현

19 行かせました는 직역하면 '가게 했습니다'가 됩니다.

男　いらっしゃいませ、いらっしゃいませ。

女　今日は卵が安いみたいね。

男　はい。今日は卵が半額です。

女　そうですか。じゃ、2ついただきます。

男　どうもありがとうございます。

女　冷凍食品は今日は安くならないんですか。

男　冷凍食品は明日3割引になります。

女　ああ、そうですか。じゃ、明日買わなきゃ。

✽ 해석

남　어서 오십시오, 어서 오십시오.

여　오늘은 계란이 싼 것 같네요.

남　네. 오늘은 계란이 반값입니다.

여　그래요. 그럼, 두 개 살게요.

남　대단히 감사합니다.

여　냉동식품은 오늘은 싸지지 않나요?

남　냉동식품은 내일 30% 할인이 됩니다.

여　아아, 그래요. 그럼, 내일 사야지.

✽단어

今日[きょう] 오늘 卵[たまご] 계란 安い[やすい] 싸다 半額[はんがく] 반액, 반값 2つ[ふたつ] 두 개, 둘 冷凍食品[れいとう しょくひん] 냉동식품 明日[あした] 내일 3割引[さんわりびき] 30% 할인 買う[かう] 사다

✽표현

2ついただきます는 직역하면 '두 개 받겠습니다'가 됩니다.
買わなきゃ의 ～なきゃ는 ～なければなりません/～なければいけません~해야 합니다에서 뒷부분(なりません/いけません)이 빠진 것으로, '～해야지'라는 뜻입니다.

❖아하, 일본에서는!

간식시간은 몇 시?

일본에서 간식시간이라고 하면 오전 10시와 오후 3시를 가리킵니다. 특히 오후 3시에는 아이들뿐만이 아니라 어른들도 차를 한 잔 마시면서 간식을 먹는 사람들이 많습니다. 공사장에서 일하는 사람이나 정원사 같은 사람들은 꼭 10시와 3시에 휴식시간을 갖습니다. 집 마당을 손질해 주러 정원사들이 오거나 집 공사를 하러 오면 10시와 3시에 시간을 맞춰서 차를 내 주는 것이 예의입니다. 그런데 요새 젊은 사람들 중에는 차 대접을 하지 않는 사람도 많다고 하네요. 일본도 한국도 점점 인정이 없어져가고 있지요.

12 主婦の晩 주부의 저녁

01 そろそろ晩ごはんの支度を始めないと。

02 おかずが全然思い付きません。

03 晩ごはんの準備が面倒くさくて、出前を取った。

04 これ、賞味期限が切れてる。

05 料理を焦がしてしまいました。

 단어

主婦[しゅふ] 주부 晩[ばん] 저녁
01 晩ごはん[ばんごはん] 저녁밥 支度[したく] 준비 始める[はじめる] 시작하다
02 おかず 반찬 全然[ぜんぜん] 전혀 思い付く[おもいつく] 생각이 떠오르다
03 準備[じゅんび] 준비 面倒くさい[めんどうくさい] 귀찮다 出前[でまえ] 요리 배
   달, 배달되는 요리 取る[とる] 주문하다
04 賞味期限[しょうみ きげん] 유통기한 切れる[きれる] (기한이)다 되다, 지나다
05 料理[りょうり] 요리 焦がす[こがす] 태우다

12.mp3

O1 이제 저녁밥 준비를 시작해야지.

O2 반찬이 전혀 생각이 안 납니다.

O3 저녁밥 준비가 귀찮아서 배달요리를 시켰다.

O4 이것, 유통기한이 지났네.

O5 요리를 태우고 말았습니다.

표현

01 晩ごはん은 한자로 쓰는 경우도 있는데 晩御飯이라고 씁니다. 始めないと의 ～ないとと는 ～ないといけません～해야 합니다에서 뒷부분(いけません)이 빠진 것으로, '～해야지'라는 뜻입니다.

04 賞味期限が切れてる는 직역하면 '유통기한이 지나 있다, 지난 상태다'가 됩니다.

먼저 오디오를 듣고 따라 말해 보세요!

12 主婦の晩 주부의 저녁

06 傷んでいたのを知らずに食べてしまった。

07 冷蔵庫でりんごが腐っていました。

08 いたっ！指を切っちゃった。

09 あっ、砂糖を塩と間違えた！

10 味が薄すぎました。

단어

06 傷む[いたむ] 상하다　知る[しる] 알다　食べる[たべる] 먹다
07 冷蔵庫[れいぞうこ] 냉장고　りんご 사과　腐る[くさる] 썩다
08 指[ゆび] 손가락　切る[きる] 베다, 자르다
09 砂糖[さとう] 설탕　塩[しお] 소금　間違える[まちがえる] 틀리다, 잘못 알다
10 味[あじ] 맛　薄い[うすい] 연하다, 얇다

12.mp3

O6 상했던 것을 모르고 먹어 버렸다.

O7 냉장고에서 사과가 썩어 있었습니다.

O8 아야! 손가락을 베어 버렸어.

O9 앗, 설탕을 소금으로 잘못 알았어!

1O 너무 싱거웠습니다.

🌸 표현

08 いたっ는 痛い[いたい] 아프다에서 온 말입니다. いた라고만 해도 되지만 주로 いた
っ의 형태로 씁니다. 切っちゃった는 切ってしまった의 구어체입니다.

10 '싱겁다'는 味が薄い맛이 연하다라고 합니다. 또 薄すぎる의 ～すぎる는 '너무 ～하
다, 지나치게 ～하다'라는 뜻입니다. 薄すぎる의 반대말은 濃すぎる[こすぎる] 너
무 진하다입니다.

12 主婦の晩 주부의 저녁

11 これ、中まで火が通ってない。

12 一杯飲んでもいい?

13 これ、まずい。

14 炊飯器のスイッチを入れるのを忘れてた!

15 これは電子レンジでチンするだけで食べられ
ます。

❀단어

11 中[なか] 속, 안 火[ひ] 불 通る[とおる] 뚫리다, 속까지 들어가다
12 一杯[いっぱい] 한 잔 飲む[のむ] 마시다
13 まずい 맛없다
14 炊飯器[すいはんき] 밥솥 入れる[いれる] 넣다, 켜다 忘れる[わすれる] 잊다, 깜빡
하다
15 電子レンジ[でんしレンジ] 전자레인지 チンする (전자레인지로)데우다 〜だけ 〜만
食べる[たべる] 먹다

12.mp3

11 이것, 속까지 안 익었어.

12 한잔 마셔도 돼?

13 이것, 맛없어.

14 밥솥 스위치를 켜는 것을 깜빡했어!

15 이것은 전자레인지로 데우기만 하면 먹을 수 있습니다.

❀ 표현

11 火が通る는 직역하면 '불이 속까지 들어가다'가 됩니다.
14 忘れてた는 忘れていた의 い가 생략된 말로, 직역하면 '잊고 있었다'가 됩니다.

12 主婦の晩 주부의 저녁

16 残ったご飯は冷凍しておくと便利です。

17 食器洗い機は無理でも、食器乾燥機くらいは
欲しい。

18 毎晩、犬の散歩に行きます。

19 うちはベッドじゃないので、毎日布団を敷かな
いといけない。

20 子供は9時までに寝かせるようにしています。

🌸 단어

16 残る[のこる] 남다 ご飯[ごはん] 밥 冷凍[れいとう] 냉동 便利な[べんりな] 편리한

17 食器洗い機[しょっき あらいき] 식기세척기 無理[むり] 무리 食器乾燥機[しょっき かんそうき] 식기건조기 欲しい[ほしい] 갖고 싶다

18 毎晩[まいばん] 매일 밤 犬[いぬ] 개 散歩[さんぽ] 산책 行く[いく] 가다

19 毎日[まいにち] 매일 布団[ふとん] 이부자리, 이불 敷く[しく] 깔다, 펴다

20 子供[こども] 아이, 자녀, 어린이 9時[くじ] 9시 寝かせる[ねかせる] 재우다

12.mp3

16 남은 밥은 냉동해 놓으면 편리합니다.

17 식기세척기는 무리여도, 식기건조기 정도는 갖고 싶다.

18 매일 밤 개를 산책시키러 갑니다.

19 우리 집은 침대가 아니라서 매일 이불을 펴야 한다.

20 아이는 9시까지 재우도록 하고 있습니다.

🌸 표현

18 犬の散歩には 직역하면 '개의 산책하러'가 됩니다.

女 そろそろ晩ごはんの支度を始めなきゃ。

男 もうそんな時間？

女 うん。何したらいいんだろう。おかずが全然思い付かない。

男 俺も手伝うよ。冷蔵庫に何があるか見てから…。あれ、これ、賞味期限が切れてるよ。

女 あ、食べるの忘れてた。

男 それに、このりんご、腐ってるよ。

女 え？まだ買ってきたばかりなのに。

男 何だか面倒くさくなっちゃった。電子レンジでチンするだけの何かある？

女 うん。カレーとチヂミがあるよ。

男 じゃ、それ食べよう。

✽해석

여 이제 저녁밥 준비를 시작해야지.

남 벌써 그런 시간이야?

여 응. 뭐 만들면 좋을까. 반찬이 전혀 생각이 안 나.

남 나도 도와줄게. 냉장고에 뭐가 있는지 보고 나서…. 어라, 이것, 유통기한이 지났어.

여 어, 먹는 거 깜빡했네.

남 게다가, 이 사과 썩었어.

여 어? 아직 사 온 지 얼마 안 됐는데.

남 어쩐지 귀찮아져 버렸네. 전자레인지로 데우기만 하면 되는 거 뭐 있어?

여 응. 카레랑 부침개가 있어.

남 그럼, 그거 먹자.

✿ 단어

晩ごはん[ばんごはん] 저녁밥 支度[したく] 준비 始める[はじめる] 시작하다 時間 [じかん] 시간 何[なに/なん] 무엇 おかず 반찬 全然[ぜんぜん] 전혀 思い付く[お もいつく] 생각이 떠오르다 俺[おれ] 나(남자) 手伝う[てつだう] 돕다 冷蔵庫[れい ぞうこ] 냉장고 見る[みる] 보다 賞味期限[しょうみ きげん] 유통기한 切れる[きれ る] (기한이)다 되다. 지나다 食べる[たべる] 먹다 忘れる[わすれる] 잊다. 깜빡하다 腐 る[くさる] 썩다 買う[かう] 사다 面倒くさい[めんどうくさい] 귀찮다 電子レンジ[でんしレンジ] 전자레인지

✿ 표현

チヂミ는 한국식 부침개나 전을 가리킵니다. 경상도의 '찌짐'이라는 말이 그대로 일본에 들어갔다고 합니다. 한국식 부침개나 전을 좋아하는 일본 사람들이 꽤 있어요.

❖ 아하, 일본에서는!

아이들이 집에 가는 시간은?

한국에 와서 처음 많이 놀랐던 것들 중의 하나가 아이들이 어두워진 밤에 밖을 다니는 일이 많다는 것입니다. 일본에서는 아이들이 어두워지기 전에 집에 들어 가야 한다는 생각을 하는 사람들이 많습니다. 그래서 오후 5시나 5시 반이 되면 지방자치단체에서 아이들이 집에 갈 시간이 되었다고 방송으로 알려 주는 곳이 많습니다. 그래도 거꾸로 밤늦게 아이들이 밖을 다녀도 위험하지 않는 사회라고 생각하면 그것도 참 괜찮다 싶은 생각이 듭니다. 하지만 요새 한국에서도 아이 들을 대상으로 한 범죄가 급격히 늘어났지요? 일본도 매우 심각합니다. 아이들 이 안심하고 다닐 수 있는 사회로 다시 돌아갔으면 싶네요.

여러 가지 상황에서
쓰는 표현

어디를 가거나 누구를 만나는 등 조금 특별한 일을 하는 날에 연관된 여러 가지 상황을 모아 보았습니다. 장기간 일본에 머물게 되는 경우에 필요한 표현들이 많을 거예요. 일본에 갈 일이 없는 분들도 일본에 있게 되는 상황을 상상하면서 '이럴 땐 어떻게 표현해야 할까?'라고 생각해 보면서 연습해 보세요.

1장 調子が悪い時 아플 때

외국에 있을 때 가장 힘든 때가 아플 때라고 할 수 있죠. 아픈 것만으로도 불안한데 아픈 것을 어떻게 표현해야 하는지를 생각하면 더욱 불안해지기 마련이죠. 아플 때 쓸 만한 기본적인 표현들을 알아 두시는 것이 외국 생활에서는 필수인 것 같아요. 그리고 필요한 약을 찾는 표현들도 정리해 보았습니다.

調子[ちょうし] 상태, 컨디션 **悪い[わるい]** 나쁘다 **時[とき]** 때

13 病院 병원

01 初診ですか。

02 診察券はお持ちですか。

03 保険証は持っていらっしゃいましたか。

04 待合室でお待ちください。

05 診察室にお入りください。

🌸 단어

病院[びょういん] 병원
01 初診[しょしん] 초진
02 診察券[しんさつけん] 진찰권　持つ[もつ] 가지다, 들다
03 保険証[ほけんしょう] 보험증　持っていらっしゃる[もっていらっしゃる] 가지고
　　오시다/가시다/계시다
04 待合室[まちあいしつ] 대합실　待つ[まつ] 기다리다
05 診察室[しんさつしつ] 진찰실　入る[はいる] 들어가다, 들어오다

13.mp3

01 처음 오셨나요?

02 진찰권은 가지고 계십니까?

03 보험증은 가지고 오셨습니까?

04 대합실에서 기다리십시오.

05 진찰실로 들어오십시오.

🌸 표현

01 직역하면 '초진입니까?'가 됩니다.

02 일본에서는 병원마다 진찰권을 발급하며, 병원에 갈 때는 꼭 진찰권을 가져가야 합니다.

03 일본에서는 병원에 갈 때 꼭 보험증을 챙겨서 가야 합니다. 계속 다니는 병원에 갈 때도 달이 바뀔 때마다 보험증을 꼭 제시해야 합니다.

13 病院 병원

O6 どうしましたか。

O7 寒気がするので熱を測ってみたら、39度もあったんです。

O8 鼻水が出て、喉も痛いです。

O9 吐き気がします。

1O 3日ほど下痢が続いています。

🌸 단어

07 寒気[さむけ] 오한, 한기 熱[ねつ] 열 測る[はかる] 재다 39度[さんじゅう きゅうど] 39도

08 鼻水[はなみず] 콧물 出る[でる] 나오다, 나가다 喉[のど] 목 痛い[いたい] 아프다

09 吐き気[はきけ] 구토증, 구역질

10 3日[みっか] 3일 ～ほど ～정도 下痢[げり] 설사 続く[つづく] 계속되다, 이어지다

13.mp3

O6 어떻게 오셨어요?

O7 한기가 들어서 열을 재 봤더니, 39도씩이나 있었거든요.

O8 콧물이 나오고 목도 아픕니다.

O9 구토증이 납니다.

1O 3일 정도 설사가 계속되고 있습니다.

❀ 표현

06 직역하면 '어떻게 했습니까?'가 됩니다.
07 '한기가 들다'라고 할 때는 동사 する를 써서 寒気がする라고 한다는 점에 유의하
세요. 또 測ってみたら의 ～たら는 '～면'이 아니라 '～더니, ～다 보니'라는 뜻입니
다. 39度는 さんじゅう くど라고 읽을 수도 있습니다.
09 '구토증이 나다'라고 할 때도 동사 する를 써서 吐き気がする라고 한다는 점에 유
의하세요.
10 ほど는 한자로 쓰는 경우도 있는데 程라고 씁니다.

13 病院 병원

11 いつ頃から具合が悪いですか。

12 注射を打たないとだめですか。

13 インフルエンザの予防注射を受けに来ました。

14 聴診器で胸の音を聞く。

15 血圧を測る。

❀단어

11 ~頃[ごろ] ~쯤, ~경 具合[ぐあい] 상태, 컨디션 悪い[わるい] 나쁘다
12 注射[ちゅうしゃ] 주사 打つ[うつ] (주사를)놓다, 치다
13 予防注射[よぼう ちゅうしゃ] 예방주사 受ける[うける] 받다 来ました[きました] 왔습니다
14 聴診器[ちょうしんき] 청진기 胸[むね] 가슴 音[おと] 소리 聞く[きく] 듣다
15 血圧[けつあつ] 혈압 測る[はかる] 재다

11 언제쯤부터 아파요?

12 주사를 놓지 않으면 안 돼요?

13 독감 예방주사를 맞으러 왔습니다.

14 청진기로 가슴 소리를 듣다.

15 혈압을 재다.

❀ 표현

11 '아프다'라는 뜻의 동사 痛い[いたい]는 머리가 아프다거나 배가 아프다고 할 때와 같이 통증이 있는 경우에 쓰입니다. 구체적으로 '어디가 아프다'라는 이야기가 아니라 막연히 '몸이 아프다'라고 할 때는 '컨디션이 나쁘다'라는 뜻의 具合が悪い 또는 調子[ちょうし]가 悪い라는 말을 씁니다.

12 注射を打つ는 注射をする 주사를 하다라고도 합니다.

13 病院 병원

16 血液検査をする。

17 レントゲンを撮る。

18 骨が折れていますね。

19 入院が必要です。

20 しばらく通院が必要です。

🌸 단어

16 血液検査[けつえき けんさ] 혈액 검사
17 撮る[とる] 찍다
18 骨[ほね] 뼈 折れる[おれる] 부러지다
19 入院[にゅういん] 입원 必要[ひつよう] 필요
20 しばらく 당분간, 한동안 通院[つういん] 통원

13.mp3

16 혈액 검사를 하다.

17 엑스레이를 찍다.

18 뼈가 부러져 있네요.

19 입원이 필요합니다.

20 당분간 통원이 필요합니다.

❀ 표현

18 참고로 '골절'은 骨折[こっせつ]라고 합니다.

먼저 오디오를 듣고 따라 말해 보세요!

13 病院 병원

21 右の下の奥歯が痛いんです。

22 冷たい物を食べるとしみるんです。

23 虫歯になってますね。

24 つめた物が取れてしまいました。

25 前歯が折れてしまったんですが。

🌸단어

21 右[みぎ] 오른쪽　下[した] 아래　奥歯[おくば] 어금니　痛い[いたい] 아프다
22 冷たい[つめたい] 차다　物[もの] 것, 물건　食べる[たべる] 먹다　しみる (약의 지극
　등으로)통증을 느끼다, 아리다, 얼얼하게 아프다
23 虫歯[むしば] 충치
24 つめる 채우다, 틀어막다　取れる[とれる] 떨어지다, 빠지다
25 前歯[まえば] 앞니　折れる[おれる] 부러지다

13.mp3

21 오른쪽의 아래 어금니가 아프거든요.

22 찬 걸 먹으면 아리거든요.

23 충치가 되었네요.

24 때웠던 것이 떨어져 버렸습니다.

25 앞니가 부러져 버렸는데요.

표현

23 虫歯になってますね는 虫歯になっていますね의 い가 생략된 말로, 직역하면 '충
치가 되어 있네요'가 됩니다.

13 病院 병원

26 今までに副作用が出た薬はありますか。

27 アレルギーはありますか。

28 この処方せんを持って、薬局に行ってください。

29 次にいらっしゃるときは、この診察券を持ってきてください。

30 どうぞお大事になさってください。

단어

26 今[いま] 지금　副作用[ふくさよう] 부작용　出る[でる] 나다, 나오다, 나가다　薬[くすり] 약

28 処方せん[しょほうせん] 처방전　持つ[もつ] 가지다, 들다　薬局[やっきょく] 약국　行く[いく] 가다

29 次[つぎ] 다음　診察券[しんさつけん] 진찰권

30 大事な[だいじな] 소중한, 중요한

13.mp3

26 지금까지 부작용이 나타난 약이 있습니까?

27 알레르기는 있습니까?

28 이 처방전을 가지고 약국에 가세요.

29 다음에 오실 때는 이 진찰권을 가져오십시오.

30 부디 몸조리 잘 하십시오.

🌸 표현

28 '처방전'은 한자로 処方箋이라고 쓰는데, 箋전은 상용한자가 아니라서 히라가나로 썼습니다.

30 뒷부분의 なさってください를 생략하여 どうぞお大事에라고 하는 경우도 많습니다.

女 どうしましたか。

男 寒気がするので熱を測ってみたら、39度もあったんです。

女 そうですか。ほかに症状はありますか。

男 鼻水が出て、喉も痛いです。

女 じゃ、まず胸の音を聞かせてください。

男 はい。

女 口を大きく開けてください。はい、結構です。風邪ですね。
　 いつ頃から具合が悪いですか。

男 鼻水と喉は昨日からです。熱は今朝からです。

女 じゃ、お薬を3日分出しますので、それが飲み終わってもま
　 だ具合が悪かったら、また来てください。

男 はい。どうもありがとうございました。

＊해석

여 어떻게 오셨어요?

남 오한이 나서 열을 재 봤더니, 39도씩이나 있었거든요.

여 그래요. 그 외에 증상이 있어요?

남 콧물이 나고 목도 아파요.

여 그럼, 우선 가슴 소리를 들려 주세요.

남 네.

여 입을 크게 벌리세요. 네, 됐습니다. 감기군요. 언제쯤부터 아파요?

남 콧물과 목은 어제부터예요. 열은 오늘 아침부터예요.

여 그럼 약을 3일치 낼 테니까, 그것을 다 먹어도 여전히 아프면 다시 오세요.

남 네. 정말 감사합니다.

✽단어

寒気[さむけ] 오한, 한기　熱[ねつ] 열　測る[はかる] 재다　39度[さんじゅう きゅうど] 39도　症状[しょうじょう] 증상　鼻水[はなみず] 콧물　出る[でる] 나오다, 나가다　喉[のど] 목　痛い[いたい] 아프다　胸[むね] 가슴　音[おと] 소리　聞く[きく] 듣다　口[くち] 입　大きく[おおきく] 크게　開ける[あける] 열다, 벌리다　結構な[けっこうな] 충분한, 이제 된　風邪[かぜ] 감기　〜頃[ごろ] 〜쯤, 〜경　具合[ぐあい] 상태, 컨디션　悪い[わるい] 나쁘다　昨日[きのう] 어제　今朝[けさ] 오늘 아침　薬[くすり] 약　3日分[みっかぶん] 3일치　出す[だす] 내다　飲む[のむ] (약을)먹다, 마시다　〜終わる[おわる] 〜하기 끝나다, 다 〜하다　来て[きて] 오고, 와서

✽표현

약을 먹는 것을 飲む마시다라고 표현한다는 점에 유의하세요. 飲み終わっても에서 〜終わる는 '다 〜하다, 〜하기 끝나다'라는 뜻입니다.

❖아하, 일본에서는!

몸의 증상을 나타내는 표현들

めまいがする 현기증이 나다　　　　咳[せき]が出[で]る 기침이 나다

くしゃみが出[で]る 재채기가 나다　　たんが出[で]る 가래가 나오다

気持[きも]ち悪[わる]い 속이 안 좋다　胃[い]がもたれる 속이 거북하다

おなかが痛[いた]い 배가 아프다　　　かゆい 가렵다

はれている 부어 있다　　　　　　　ヒリヒリする 쓰라리다, 얼얼하다

ズキズキする 욱신거리다

チクチク痛[いた]む 쑤시듯 아프다, 따끔거리다

鼻[はな]が詰[つ]まって息[いき]が苦[くる]しい 코가 막혀서 숨쉬기 힘들다

筋肉痛[きんにくつう]になる 근육통이 되다 몸살도 '근육통'으로 표현함

14 薬局 약국

01 お薬手帳はお持ちですか。

02 薬が三日分入っています。

03 この薬は食前に飲まないと効果がありません。

04 この薬は食後に2錠、このカプセルは就寝前に1つ飲んでください。

05 食間に飲む薬は忘れやすい。

 단어

薬局[やっきょく] 약국
01 薬手帳[くすり てちょう] 약 수첩　持つ[もつ] 가지다, 들다
02 薬[くすり] 약　三日分[みっかぶん] 3일치　入る[はいる] 들어가다, 들어오다
03 食前[しょくぜん] 식전　飲む[のむ] (약을)먹다, 마시다　効果[こうか] 효과
04 食後[しょくご] 식후　2錠[にじょう] 두 알　就寝前[しゅうしんまえ] 취침 전
　　1つ[ひとつ] 하나
05 食間[しょっかん] 식간　忘れる[わすれる] 깜빡하다, 잊다

14.mp3

01 약 수첩은 가지고 계십니까?

02 약이 3일치 들어 있습니다.

03 이 약은 식전에 먹지 않으면 효과가 없습니다.

04 이 약은 식후에 두 알, 이 캡슐은 취침 전에 하나 드세요.

05 식간에 먹는 약은 깜빡하기 쉽다.

표현

01 일본에서 처방전을 가지고 약국에 가면 꼭 듣는 말이 '약 수첩'을 가져왔냐는 것입니다. 약 수첩이라는 것은 처방 받은 약이 기록되는 수첩으로, 몇 년 동안 어떤 약들을 어떻게 먹었는지가 기록되어 있습니다. 만약 필요 없다 싶으면 의무는 아니니까 만들지 않겠다고 하면 됩니다.

14 薬局 약국

06 風邪薬はありますか。

07 眠くならないのがいいんですけど。

08 頭が痛いんですが、頭痛薬をいただけますか。

09 胃が痛いんですが、胃薬をもらえますか。

10 よく効く便秘薬はありますか。

✿ 단어

06 風邪薬[かぜぐすり] 감기약
07 眠い[ねむい] 졸리다
08 頭[あたま] 머리 痛い[いたい] 아프다 頭痛薬[ずつうやく] 두통약
09 胃[い] 위 胃薬[いぐすり] 위약
10 効く[きく] 효과가 있다, 듣다 便秘薬[べんぴやく] 변비약

14.mp3

O6 감기약이 있습니까?

O7 졸리지 않는 것이 좋은데요.

O8 머리가 아픈데, 두통약을 주시겠습니까?

O9 속이 아픈데, 위약을 주시겠어요?

1O 잘 듣는 변비약이 있습니까?

표현

06 '~가 있습니까?'라고 할 때 일본어에서는 조사 は를 써서 ～はありますか~는 있습니까?라고 합니다.

07 眠くならないの는 직역하면 '졸리게 되지 않는 것, 졸려지지 않는 것'이 됩니다.

08 いただけますか는 직역하면 '받을 수 있겠습니까?'가 됩니다.

09 もらえますか는 직역하면 '받을 수 있겠습니까?'가 됩니다. 위뿐만이 아니라 정장 기능도 있는 '위장약'은 胃腸薬[いちょうやく]라고 합니다.

10 참고로 설사를 멎게 하는 약인 '지사제'는 下痢止め[げりどめ]라고 합니다.

14 薬局 약국

11 熱があるんですが、解熱剤はありませんか。

12 乗り物酔いをするんですが、酔い止めをいただけますか。

13 目が疲れた時にいい目薬はどれですか。

14 消毒薬の付いたばんそうこうはありますか。

15 虫刺されに塗る軟こうをください。

🌸 단어

11 熱[ねつ] 열　解熱剤[げねつざい] 해열제
12 乗り物酔い[のりものよい] 차멀미　酔い止め[よいどめ] 멀미약
13 目[め] 눈　疲れる[つかれる] 피곤하다　時[とき] 때　目薬[めぐすり] 안약
14 消毒薬[しょうどくやく] 소독약　付く[つく] 묻다, 붙다　ばんそうこう 반창고
15 虫刺され[むしさされ] 벌레 물림　塗る[ぬる] 바르다　軟こう[なんこう] 연고

14.mp3

11 열이 있는데, 해열제는 없습니까?

12 차멀미를 하는데, 멀미약을 주시겠습니까?

13 눈이 피곤할 때 좋은 안약은 어떤 것입니까?

14 소독약이 첨가된 반창고가 있습니까?

15 벌레 물린 곳에 바르는 연고를 주세요.

표현

13 どれですか는 직역하면 '어느 것입니까?'가 됩니다. どんなのですか 어떤 것입니까? 라고 하면 '비싼 것', '성분이 ~로 된 것' 등 안약의 성격에 대해서 말하게 됩니다. 약국에 진열된 안약들 중 '어느 것'이라고 물어볼 때는 どれ 혹은 どの目薬라고 해 야 합니다.

14 ばんそうこう 반창고는 일상적으로 한자 絆創膏를 쓰는 일이 많은데, 어려운 한자라 서 히라가나로 썼습니다.

15 軟こう 연고는 軟膏로 쓰는 경우도 많지만, 膏가 상용한자도 아니고 매우 어려운 한 자라서 히라가나로 썼습니다.

14 薬局 약국

16 使い捨てマスクはどこですか。

17 薬をここで飲んで行きたいんですが、お水をいただけますか。

18 湿布を買って背中に貼った。

19 ドリンク剤を飲むのが好きだ。

20 ビタミン剤は種類が多すぎて、どれがいいかわからない。

🌸단어

16 使い捨て[つかいすて] 일회용
17 薬[くすり] 약 飲む[のむ] (약을)먹다, 마시다 行く[いく] 가다 水[みず] 물
18 湿布[しっぷ] 파스 買う[かう] 사다 背中[せなか] 등 貼る[はる] 붙이다
19 ドリンク剤[ドリンクざい] 드링크제 好きな[すきな] 좋아하는
20 種類[しゅるい] 종류 多い[おおい] 많다

16 일회용 마스크는 어디에 있습니까?

17 약을 여기서 먹고 가고 싶은데, 물을 주시겠습니까?

18 파스를 사서 등에 붙였다.

19 드링크제를 마시는 것을 좋아한다.

20 비타민제는 종류가 너무 많아서, 어떤 것이 좋은지 모르겠다.

표현

16 使い捨て 일회용는 使う 사용하다와 捨てる 버리다가 합해진 말입니다. 이렇게 동사 두 개가 하나의 동사로 만들어질 때는 동사 ます형 뒤에 동사가 연결됩니다. 使い捨て라는 말이 사용되는 예로는 使い捨てカメラ 일회용 카메라, 使い捨てコンタクトレンズ 일회용 콘택트렌즈 등이 있습니다.

男 すみません、風邪薬はありますか。

女 この棚にあるのが全部風邪薬なんですが。

男 たくさんあってどれがいいかよくわからないんですが。

女 どういった症状ですか。

男 くしゃみと鼻水と、あと頭が痛いです。

女 じゃ、これがいいかと思いますが。

男 あの、できるだけ眠くならないのがいいんですけど。

女 だったら、こちらのほうがいいですよ。

男 それから、使い捨てマスクもいただけますか。

女 使い捨てマスクはこちらにございます。

✿ 해석

남 저기요, 감기약이 있습니까?

여 이 선반에 있는 것이 모두 감기약인데요.

남 많이 있어서 어떤 것이 좋은지 잘 모르겠는데요.

여 어떠한 증상이에요?

남 재채기랑 콧물이랑, 그리고 머리가 아파요.

여 그럼, 이게 좋을 것 같은데요.

남 저어, 가능한 한 졸리지 않는 것이 좋은데요.

여 그렇다면 이게 더 좋아요.

남 그리고 일회용 마스크도 주시겠어요?

여 일회용 마스크는 여기에 있습니다.

✻단어

風邪薬[かぜぐすり] 감기약 棚[たな] 선반 全部[ぜんぶ] 전부, 다 症状[しょうじょう] 증상 鼻水[はなみず] 콧물 頭[あたま] 머리 痛い[いたい] 아프다 思う[おもう] 생각하다 眠い[ねむい] 졸리다 使い捨て[つかいすて] 일회용

✻표현

風邪薬는 風邪[かぜ] 감기와 薬[くすり] 약가 합해진 말입니다. 이렇게 명사 두 개가 하나의 명사로 만들어질 때는 뒤에 오는 명사의 첫소리가 탁음화 되는 경우가 많습니다. 다만 뒤에 오는 명사 속에 원래 탁음이 포함되어 있는 경우는 첫소리가 탁음화 되지 않습니다.

❖ 아하, 일본에서는!

생리대가 '냅킨'?

일본에서는 생리대를 ナプキン이라고 부릅니다. 식사 때 입이나 손을 닦는 '냅킨'도 ナプキン이구요. 생리대라는 한자어를 직역해서 말하면 일본 사람들은 못 알아들으니 조심하세요. 식탁에서 쓰는 냅킨이 생리대와 같은 이름이다 보니 말하기가 민망하게 느껴질 때가 많습니다. 그래서 저는 '냅킨'을 テーブルナプキン 테이블 냅킨이라고 말합니다. 그러면 이상한 오해를 부를 일도 없고 말할 때 괜히 민망하지 않으니까요.

2장

コミュニケーション
커뮤니케이션

커뮤니케이션 방법에는 여러 가지가 있죠. 직접 만날 수도 있고 전화를 걸 수도 있고요. 직접 만나는 상황도 여러 가지 있겠죠. 처음 만나는 경우, 오랜만에 만나는 경우, 술자리에서 만나는 경우와 집에 초대되는 경우 등등. 그 중 일본에서 흔히 있을 만한 상황들을 골라서 여러 표현들을 모아 보았습니다.

15 人に会う 사람을 만나다

01 はじめまして。

02 イ・ヒョンジンと申します。

03 お名前がよく聞き取れなかったんですが。

04 私の名前は発音しにくいので、ユミと呼んでください。

05 お世話になります。

단어

人[ひと] 사람　会う[あう] 만나다
02 申す[もうす] 말씀 드리다(言う[いう](말하다)의 공손한 말)
03 名前[なまえ] 이름　聞き取る[ききとる] 알아듣다
04 私[わたし] 저, 나　発音[はつおん] 발음　呼ぶ[よぶ] 부르다
05 世話になる[せわになる] 신세지다

15.mp3

O1 처음 뵙겠습니다.

O2 이 현진이라고 합니다.

O3 성함을 잘 알아듣지 못했는데요.

O4 제 이름은 발음하기 어려우니까, 그ミ라고 불러 주세요.

O5 신세지겠습니다.

🌸 표현

04 ~にくい는 '~하기 어렵다'라는 뜻입니다. 반대말인 '~하기 쉽다'는 ~やすい입니다.

15 人に会う 사람을 만나다

06 よろしくお願いします。

07 お待たせして申し訳ございません。

08 待ち合わせ場所を間違えてしまった。

09 失礼ですが、おいくつですか。

10 何年生まれですか。

단어

06 **お願い[おねがい]** 부탁
07 **待つ[まつ]** 기다리다 **申し訳ない[もうしわけない]** 면목 없다, 죄송하다
08 **待ち合わせ[まちあわせ]** 만나기로 함 **場所[ばしょ]** 장소 **間違える[まちがえる]**
   틀리다, 잘못 알다
09 **失礼[しつれい]** 실례 **おいくつ** 연세가 어떻게 되심('몇 살'의 공손한 말)
10 **何年生まれ[なんねん うまれ]** 몇 년생

06 잘 부탁합니다.

07 기다리게 해 드려서 죄송합니다.

08 만나기로 한 장소를 잘못 알아 버렸다.

09 실례지만, 연세가 어떻게 되십니까?

10 몇 년생입니까?

🌸 표현

07 반말로는 待たせてごめん 기다리게 해서 미안이라고 합니다.

08 직역하면 '만나기로 한 장소를 틀려 버렸다'가 됩니다.

09 '몇 살이에요?'라고 편하게 물을 때는 何歳[なんさい]예요라고 합니다.

15 人に会う 사람을 만나다

11 すみませんが、日本語が下手なので、もう少し
ゆっくり話していただけませんか。

12 お聞きしたいことがあるんですが。

13 趣味は何ですか。

14 映画を見ることです。

15 英語か韓国語がおわかりになりますか。

🌸단어

11 日本語[にほんご] 일본어 下手な[へたな] 잘 못하는, 서투른 もう少し[もうすこし]
좀 더 話す[はなす] 이야기하다
12 聞く[きく] 묻다, 듣다
13 趣味[しゅみ] 취미 何[なん] 무엇
14 映画[えいが] 영화 見る[みる] 보다
15 英語[えいご] 영어 韓国語[かんこくご] 한국어

15.mp3

11 죄송하지만, 일본어를 잘 못하니까 좀 더 천천히 말해 주지 않으시겠습니까?

12 여쭤보고 싶은 것이 있는데요.

13 취미가 무엇입니까?

14 영화를 보는 것입니다.

15 영어나 한국어를 이해하십니까?

🌸 표현

13 '취미가 무엇입니까?'라고 할 때 일본에서는 한국어와 달리 조사 は가 쓰여서 趣味は何ですか 취미는 무엇입니까?라고 합니다. 조사 が를 쓰면 어색하니 조심하세요.

15 人に会う 사람을 만나다

16 日本の習慣や礼儀をよく知らないので、失礼なことをしたときは教えてください。

17 韓国ドラマは好きですか。

18 三人兄弟の末っ子です。

19 連絡先を教えてもらえますか。

20 これ、僕のメールアドレスです。よかったら連絡ください。

❀단어

16 日本[にほん] 일본　習慣[しゅうかん] 습관　礼儀[れいぎ] 예의　知る[しる] 알다
失礼[しつれい] 실례　教える[おしえる] 알리다, 가르치다

17 韓国[かんこく] 한국　好きな[すきな] 좋아하는

18 三人兄弟[さんにん きょうだい] 삼형제(삼남매)　末っ子[すえっこ] 막내

19 連絡先[れんらくさき] 연락처

20 僕[ぼく] 나(남자)　連絡[れんらく] 연락

15.mp3

16 일본의 습관이나 예의를 잘 모르니까, 실례되는 일을 했을 때는 알려 주세요.

17 한국 드라마는 좋아합니까?

18 삼형제의 막내입니다.

19 연락처를 알려 주시겠어요?

20 이것, 내 메일 주소입니다. 괜찮다면 연락 주세요.

🌸 표현

18 三人兄弟는 남자 삼형제일 수도 있고, 남자와 여자가 섞여 있을 수도 있습니다. '세자매'라면 三姉妹[さんしまい]가 됩니다. '큰 오빠/형', '작은 오빠/형'과 같은 말을 할 때는 上[うえ] 위, 下[した] 아래를 써서 上の兄[あに] 큰 오빠/형, 下の兄 작은 오빠/형의 형태로 나타냅니다.

15 人に会う 사람을 만나다

21 お久しぶりです。

22 昔と全然変わってないね。

23 10年なんてあっと言う間だね。

24 お元気そうで何よりです。

25 いつもお世話になっております。

🌸 단어

21 久しぶり[ひさしぶり] 오래간만
22 昔[むかし] 옛날　全然[ぜんぜん] 전혀　変わる[かわる] 변하다, 바뀌다
23 10年[じゅうねん] 10년　あっと言う間[あっというま] 눈 깜짝할 사이
24 元気な[げんきな] 건강한, 활기 넘치는　何より[なにより] 무엇보다도 좋음, 더없이
25 世話になる[せわになる] 신세지다

21 오래간만입니다.

22 옛날과 전혀 변하지 않았네.

23 10년 따윈 눈 깜짝할 사이네.

24 건강하신 것 같아서 무엇보다도 좋습니다.

25 늘 신세지고 있습니다.

표현

21 더 공손하게 말할 때는 ご無沙汰[ぶさた]しております라고 하면 되고, 반말로 할
때는 久しぶり라고 하면 됩니다.

22 全然変わってない는 직역하면 '전혀 변해 있지 않다'가 됩니다.

23 ～なんて는 '～따위, ～같은 것'이라는 뜻입니다.

15 人に会う 사람을 만나다

26 最近、どう?

27 いかがお過ごしですか。

28 おかげ様で元気にしております。

29 時間があったらお茶でも飲まない?

30 今日は買い物に付き合ってもらえる?

단어

26 最近[さいきん] 최근, 요즘
27 過ごす[すごす] 지내다, 보내다
28 おかげ様で[おかげさまで] 덕분에 元気な[げんきな] 건강한, 활기 넘치는
29 時間[じかん] 시간 お茶[おちゃ] (마시는)차 飲む[のむ] 마시다
30 今日[きょう] 오늘 買い物[かいもの] 쇼핑 付き合う[つきあう] 같이 하다, 사귀다

15.mp3

26 요즘 어때?

27 어떻게 지내십니까?

28 덕분에 잘 지내고 있습니다.

29 시간이 있으면 차라도 마시지 않을래?

30 오늘은 쇼핑하러 같이 가 줄래?

표현

28 おかげ様で는 한자를 御蔭様で로 쓰는데, 상용한자가 아닌 어려운 한자라서 히라가나로 썼습니다.

30 付き合ってもらえる?는 직역하면 '같이 가 받을 수 있어?'가 됩니다.

15 人に会う 사람을 만나다

31 ちょっとお手洗いに行ってきます。

32 何か食べに行きましょう。

33 何が食べたい？

34 何でもいいです。

35 ドライブに行こう。

🌸 단어

31 お手洗い[おてあらい] 화장실 行く[いく] 가다
32 何か[なにか] 뭔가 食べる[たべる] 먹다
33 何[なに] 무엇
34 何でも[なんでも] 아무거나, 무엇이든지

15.mp3

31 잠깐 화장실에 갔다 오겠습니다.

32 뭐 좀 먹으러 갑시다.

33 뭐가 먹고 싶어?

34 아무거나 괜찮습니다.

35 드라이브하러 가자.

🌸 표현

31 お手洗いは トイレ토일렛라고도 하는데, 공손하게 말하는 경우에는 お手洗い를 쓰는 것이 좋습니다. 또 남자들이 거칠게 말하는 경우에는 便所[べんじょ]변소라는 말을 쓰는 경우도 있습니다.

15 人に会う 사람을 만나다

36 遊園地に行きたい。

37 遊園地なんて何年ぶりだろう。

38 野球のチケットがあるから一緒に見に行こう。

39 巨人と阪神と、どっちが勝つか賭ける?

40 さよならホームランで巨人が勝った。

단어

36 遊園地[ゆうえんち] 유원지, 놀이공원　行く[いく] 가다
37 何年[なんねん] 몇 년
38 野球[やきゅう] 야구　一緒に[いっしょに] 함께, 같이　見る[みる] 보다
39 勝つ[かつ] 이기다　賭ける[かける] 내기하다, 걸다

15.mp3

36 놀이공원에 가고 싶어.

37 놀이공원 같은 곳은 몇 년 만일까.

38 야구 표가 있으니까 같이 보러 가자.

39 きょじんと はんしん 중 어느 쪽이 이길지 내기할래?

40 끝내기 홈런으로 きょじんが 이겼다.

🌸 표현

36 遊園地는 롯데월드나 에버랜드 같은 놀이공원을 말합니다.

37 ~なんては '~같은 것, ~따위'라는 뜻입니다.

39 巨人은 読売[よみうり]ジャイアンツ 요미우리 자이언츠의 애칭이고, 阪神은 阪神[はんしん]タイガース 한신 타이거스입니다.

40 さよなら는 さようなら 안녕히 가세요/계세요의 준말입니다. 참고로 '끝내기 안타'는 さよならヒット, '끝내기 승'은 さよなら勝[が]ち라고 합니다.

15 人に会う 사람을 만나다

41 もうこんな時間だ！

42 まだ帰らなくても大丈夫？

43 ぜひまた連絡ください。

44 では、失礼します。

45 それじゃ、お元気で。

🌸 단어

41 時間[じかん] 시간
42 帰る[かえる] 돌아가다, 집에 가다　大丈夫な[だいじょうぶな] 괜찮은
43 連絡[れんらく] 연락
44 失礼[しつれい] 실례
45 元気な[げんきな] 건강한, 활기 넘치는

15.mp3

41 벌써 시간이 이렇게 됐네!

42 아직 집에 안 가도 괜찮아?

43 꼭 또 연락 주세요.

44 그럼, 가 보겠습니다.

45 그럼, 건강하세요.

🌸 표현

44 직역하면 '그럼 실례하겠습니다'가 됩니다.
45 직역하면 '그럼 건강히'가 됩니다.

15 人に会う 사람을 만나다

46 じゃ、またね。

47 お気を付けて。

48 うちまで送りますよ。

49 第一印象はイマイチだった。

50 ドタキャンされた。

단어

47 気を付ける[きを つける] 조심하다
48 送る[おくる] 바래다주다, 보내다
49 第一印象[だいいち いんしょう] 첫인상

46 그럼, 또 보자.

47 살펴 가십시오.

48 집까지 바래다줄게요.

49 첫인상은 좀 부족한 느낌이었다.

50 막판에 와서 약속을 취소당했다.

표현

46 직역하면 '그럼 또'가 됩니다.

49 イマイチ는 한자로 今一라고 쓰는데, 일상적으로는 가타카나나 히라가나로 쓰는 경우가 많습니다. 이 말은 '나쁘지는 않지만 뭔가 좀 부족한 느낌이 든다'는 뜻입니다.

50 ドタキャン은 土壇場[どたんば]막판, 마지막 순간와 キャンセルcancel가 합쳐진 말로, 속어입니다.

男　恵!

女　裕君。待たせてごめんね。待ち合わせ場所を間違えちゃって。

男　いいよ。それより、昔と全然変わってないね。

女　そう?急にメールもらって、びっくりした。

男　昔の手帳見てたら恵のメールアドレスがあって、出してみたんだ。

女　ねえ、何か食べに行こう。

男　うん。何がいい?

女　何でもいいよ。

男　じゃ、中華料理は?この近くにおいしい店があるんだ。

女　うん、いいよ。

✽해석

남　めぐみ!

여　ゆたか. 기다리게 해서 미안해. 만나기로 한 장소를 잘못 알아 버려서.

남　괜찮아. 그것보다, 옛날이랑 전혀 변하지 않았네.

여　그래? 갑자기 메일 받아서 놀랐어.

남　옛날 수첩을 봤더니, めぐみ의 메일 주소가 있어서 보내 봤거든.

여　있잖아, 뭐 좀 먹으러 가자.

남　응. 뭐가 좋아?

여　아무거나 괜찮아.

남　그럼, 중국음식은 어때? 이 근처에 맛있는 가게가 있거든.

여　응. 좋아.

✽단어

~君[くん] ~군 待つ[まつ] 기다리다 待ち合わせ[まちあわせ] 만나기로 함 場所[ばしょ] 장소 間違える[まちがえる] 틀리다, 잘못 알다 昔[むかし] 옛날 全然[ぜんぜん] 전혀 変わる[かわる] 변하다, 바뀌다 急に[きゅうに] 갑자기 手帳[てちょう] 수첩 見る[みる] 보다 出す[だす] 내다, 보내다 何か[なにか] 뭔가 食べる[たべる] 먹다 行く[いく] 가다 何でも[なんでも] 아무거나, 무엇이든지 中華料理[ちゅうか りょうり] 중국음식 近く[ちかく] 근처, 가까이 店[みせ] 가게

✽표현

中華料理는 中国料理[ちゅうごく りょうり]라고도 합니다. 이 두 단어는 같은 뜻으로 쓰이기는 하지만 中華料理는 주로 대중적인 중국집에 사용되고, 中国料理는 고급 중국식당에 사용되는 경향이 있다고 합니다. 또 中華料理는 일본식 중국요리, 中国料理는 본래의 중국요리를 가리킨다고도 합니다.

일본에서는 '~君'이라는 말을 친구 사이에서도 쓰고 애칭으로도 쓰는 경우가 많습니다.

❖아하, 일본에서는!

나이는 잘 물어보지 않아요!

한국에서는 한 살이라도 차이가 나면 '언니/누나', '오빠/형'이라는 말을 쓰는 경우가 많죠. 일본도 나이의 위아래를 따지는 사회이긴 하지만 한국만큼 심하지는 않습니다. 만나자마자 나이를 물어보는 일도 별로 없고, 특히 여자에게는 잘 물어보지 않습니다. 그래도 서양처럼 나이를 묻는 것 자체가 아주 예의에 어긋나는 것은 아니기 때문에 나이를 물어보고 싶을 때는 失礼ですが실례지만라는 말을 붙여서 물어보세요. '실례지만'이라는 말을 쓸 정도로 공손하게 말해야 하는 상대가 아니라면 何歳か聞いてもいいですか몇 살인지 물어봐도 돼요? 정도로 말하면 됩니다. 그리고 조심해야 할 것은 일본은 나이를 만으로 세고, 또 생일이 와야 한 살 먹기 때문에 한국과 다르다는 점이에요. 그래서 생일이 오기 전에는 한국과 두 살씩이나 차이가 나게 되지요. 몇 살이라고 말해야 할지 모를 때는 ~年生まれ[ねんうまれ] ~년생라는 말을 쓰세요. 그러면 오해하는 일이 없죠.

16 電話 전화

01 もしもし。

02 はい、宮本でございます。

03 え?森さんのお宅じゃないんですか。

04 野村さんでいらっしゃいますか。

05 いつもお世話になっております。

 단어

電話[でんわ] 전화
03 お宅[おたく] 댁
05 世話になる[せわになる] 신세지다

16.mp3

O1 여보세요.

O2 네, みやもと입니다.

O3 어? もり씨 댁이 아닌가요?

O4 のむら씨세요?

O5 늘 신세집니다.

표현

02 ~でございます는 ~です~입니다의 공손한 말입니다.
05 직역하면 '늘 신세지고 있습니다'가 됩니다. 특별히 신세지지 않았어도 이렇게 인사
하는 경우가 많습니다.

16 電話 전화

06 お忙しいところ申し訳ございませんが、伊藤光司さんはいらっしゃいますか。

07 はい、私ですが。

08 ハンと申しますが、青木先生はご在宅ですか。

09 はい、ソウルドラッグ総務部の和田です。

10 今お時間よろしいでしょうか。

단어

06 忙しい[いそがしい] 바쁘다　申し訳ない[もうしわけない] 죄송하다, 면목 없다
07 私[わたくし] 저
08 申す[もうす] 말씀 드리다(言う[いう]의 공손한 말)　先生[せんせい] 선생님　在宅[ざいたく] 재택, 집에 있음
09 総務部[そうむぶ] 총무부
10 今[いま] 지금　時間[じかん] 시간

16.mp3

O6 바쁘신 중에 죄송합니다만, いとう こうじ씨는 계십니까?

O7 네, 전데요.

O8 한이라고 하는데요, あおき선생님은 댁에 계십니까?

O9 네, 서울드러그 총무부의 わだ입니다.

1O 지금 시간 괜찮으세요?

🌸 **표현**

07 전화로 '네, 전데요'라고 대답할 때의 '저'는 보통 わたくし라고 합니다.

10 공손하게 대화해야 하는 통화에서는 용건의 말을 시작하기 전에 今お時間よろし いでしょうか라고 물어봐서 지금 통화해도 되는지를 확인한 후에 이야기를 시작하 는 것이 좋아요.

16 電話 전화

11 少々お待ちください。

12 担当者とおつなぎ致します。

13 光司、パクさんから電話。

14 俺はいないって言って。

15 お待たせしました。

단어

11 **少々[しょうしょう]** 잠시만, 조금　**待つ[まつ]** 기다리다
12 **担当者[たんとうしゃ]** 담당자　**つなぐ** 연결하다　**致す[いたす]** 하다(**する**의 공손한 말)
13 **電話[でんわ]** 전화
14 **俺[おれ]** 나(남자)　**言う[いう]** 말하다

11 잠시만 기다려 주십시오.

12 담당자와 연결해 드리겠습니다.

13 こうじ, 박 씨한테 전화 왔어.

14 나는 없다고 해 줘.

15 기다리게 해서 죄송합니다.

🌸 표현

14 ~っては ~とは~라고의 구어체입니다.

15 직역하면 '기다리게 했습니다'가 되는데, '기다리게 해서 죄송하다'는 뜻으로 쓰는 말입니다. 공손하게는 お待たせして申[もう]し訳[わけ]ございません이라고 하면 좋은데, 실제로 오래 기다리지 않은 경우에는 전화를 받으면서 お待たせしました라고만 해도 됩니다.

16 電話 전화

16 お電話代わりました。

17 ただいま席を外しておりますが。

18 今ほかの電話に出ております。

19 今おりませんが。

20 どちら様ですか。

단어

16 電話[でんわ] 전화　代わる[かわる] 바뀌다, 교체되다
17 ただいま 지금　席[せき] 자리　外す[はずす] 비우다, 뜨다
18 今[いま] 지금　出る[でる] (전화를)받다, 나가다
19 おる 있다(いる의 공손한 말)
20 ～様[さま] ～님

16.mp3

16 전화 바꿨습니다.

17 지금 자리를 비웠는데요.

18 지금 다른 전화를 받고 있습니다.

19 지금 없는데요.

20 누구십니까?

🌸 표현

20 전화로 '누구십니까?'라고 물어볼 때는 보통 どちら様ですか라고 합니다.

16 電話 전화

21 何かお伝えしましょうか。

22 伝言をお願いできますか。

23 来週、一度お会いしたいとお伝えいただけますか。

24 4時頃、戻る予定です。

25 帰りましたら、お電話差し上げます。

🌸 단어

21 何か[なにか] 뭔가 伝える[つたえる] 전하다
22 伝言[でんごん] 전언, 메시지 お願い[おねがい] 부탁
23 来週[らいしゅう] 다음 주 一度[いちど] 한 번 会う[あう] 만나다
24 4時[よじ] 4시 ～頃[ごろ] ～쯤, ～경 戻る[もどる] 돌아오다, 돌아가다 予定[よてい] 예정
25 帰る[かえる] 돌아오다, 돌아가다 電話[でんわ] 전화 差し上げる[さしあげる] 드리다

16.mp3

21 어떻게 전해 드릴까요?

22 메시지를 부탁드릴 수 있습니까?

23 다음 주에 한번 뵙고 싶다고 전해 주시겠습니까?

24 4시쯤에 돌아올 예정입니다.

25 돌아오면 전화 드리겠습니다.

표현

21 직역하면 '뭔가 전해 드릴까요?'가 됩니다.

16 電話 전화

26 また後でかけ直します。

27 電話があったということをお伝え致します。

28 では、失礼いたします。

29 先程はお電話をいただきましたそうで。

30 誰か電話に出て。

단어

26 後で[あとで] 이따가 ～直す[なおす] 다시 ～하다
27 電話[でんわ] 전화 伝える[つたえる] 전하다 致す[いたす] 하다(する의 공손한 말)
28 失礼[しつれい] 실례
29 先程[さきほど] 아까, 조금 전
30 誰か[だれか] 누군가 出る[でる] (전화를)받다, 나가다

16.mp3

26 이따가 다시 전화하겠습니다.

27 전화가 왔다는 것을 전해 드리겠습니다.

28 그럼, 안녕히 계세요.

29 아까는 전화를 주셨다고 해서요.

30 누가 전화 좀 받아 줘.

🌸 표현

28 직역하면 '그럼 실례하겠습니다'가 되는데, 失礼します는 '안녕히 계세요'라는 뜻으로 많이 사용합니다. いたします는 한자를 致します로 쓰는데 히라가나로 쓰는 경우도 많습니다.

29 先程는 さっき 아까보다 더 공손한 말입니다. いただきましたそうで의 ~そうは '~라고 하다'라는 전문을 나타내는 말입니다.

16 電話 전화

31 ただいま留守にしております。

32 ピーという音の後にお名前とご用件をお話し
ください。

33 内線番号が何番かわからない。

34 話し中だ。

35 留守電が入ってる。

단어

31 留守[るす] 부재중
32 音[おと] 소리 後[あと] 후 名前[なまえ] 이름 用件[ようけん] 용건 話す[はな
す] 이야기하다
33 内線番号[ないせん ばんごう] 내선번호 何番[なんばん] 몇 번
34 話し中[はなしちゅう] 통화 중
35 留守電[るすでん] 자동응답기 入る[はいる] 들어가다, 들어오다

31 지금 부재중입니다.

32 '삐'라는 소리가 난 후에 성함과 용건을 말씀하십시오.

33 내선번호가 몇 번인지 모르겠다.

34 통화 중이다.

35 자동응답기 메시지가 들어 있다.

표현

31 留守にする는 직역하면 '부재중으로 하다'가 됩니다.
35 留守電은 留守番電話[るすばん でんわ]자동응답기의 준말입니다. 留守電が入る자동응답기가 들어가다는 '자동응답기에 메시지가 녹음되다'라는 뜻입니다.

16 電話 전화

36 写メール、送って。

37 着メロをダウンロードした。

38 待ち受け画面を変えた。

39 ケータイがつながらないと思ったら、圏外に
なってる。

40 メールアドレス、教えて。

🌸 단어

36 写メール[しゃメール] 사진을 첨부한 문자 送る[おくる] 보내다
37 着メロ[ちゃく.メロ] (휴대전하의)벨소리
38 待ち受け画面[まちうけ がめん] (휴대전화의)배경화면 変える[かえる] 바꾸다
39 つながる 연결되다 思う[おもう] 생각하다 圏外[けんがい] 권외
40 教える[おしえる] 가르치다, 알리다

36 사진 첨부한 문자 보내 줘.

37 벨소리를 다운로드했다.

38 배경화면을 바꾸었다.

39 휴대전화가 연결이 안 된다 싶더니, 통화권 밖이다.

40 메일 주소 가르쳐 줘.

표현

36 일본에서는 휴대전화로 보내는 문자도 メール메일라고 하고, 전화번호가 아니라 메일 주소로 보냅니다. 젊은 사람들은 写メール를 줄여서 写メ[しゃメ]라고 합니다.

37 着メロ는 着信[ちゃくしん]メロディー 착신 멜로디의 준말입니다.

39 圏外になってる는 圏外になっている의 い가 생략된 말로, 직역하면 '권외로 되어 있다'가 됩니다.

40 일본의 휴대전화 문자는 메일 형식으로 되어 있어서 메일 주소를 알아야 보낼 수 있습니다. メールアドレス는 줄여서 メアド, メルアド, アドレス라고 합니다.

女 はい、韓国薬品総務部の和田です。

男 いつもお世話になっております。ソウルドラッグのパクと申しますが、伊藤課長はいらっしゃいませんか。

女 申し訳ございませんが、ただいま席を外しております。

男 そうですか。

女 何かお伝えしましょうか。

男 いえ、急ぎじゃありませんので、また後でかけなおします。

女 そうですか。じゃ、電話があったということを伝えておきます。

男 では、失礼いたします。

女 失礼いたします。

✿해석

여 네, 한국약품 총무부의 와다입니다.

남 늘 신세지고 있습니다. 서울드러그의 박이라고 합니다만, 이토과장님은 안 계십니까?

여 죄송합니다만, 지금 자리에 없습니다.

남 그래요.

여 어떻게 전해 드릴까요?

남 아뇨, 급하지 않으니까, 이따가 다시 전화 드리겠습니다.

여 그래요. 그럼, 전화가 왔다는 것을 전해 드리겠습니다.

남 그럼, 안녕히 계세요.

여 안녕히 계세요.

✽ 단어

韓国[かんこく] 한국　薬品[やくひん] 약품　総務部[そうむぶ] 총무부　世話になる[せわになる] 신세지다　申す[もうす] 말씀 드리다(言う[いう](말하다)의 공손한 말)　課長[かちょう] 과장, 과장님　申し訳ない[もうしわけない] 죄송하다, 면목 없다　席[せき] 자리　外す[はずす] 비우다, 뜨다　何か[なにか] 뭔가　伝える[つたえる] 전하다　急ぎ[いそぎ] 급한 일, 급함　後で[あとで] 이따가　電話[でんわ] 전화　失礼[しつれい] 실례

❖ 아하, 일본에서는!

일본어의 경어 사용법

한국어와 달리 일본어는 청자와 청자에 관련된 모든 것들을 높여서 말합니다. 따라서 친구 집에 전화를 걸었을 때 친구의 가족이 전화를 받으면 '~ 있어요?', '~ 바꿔 주세요'라고 할 때 친구를 높이게 됩니다. 예를 들어 '세빈이는 있어요?'라면 セビンさんはいらっしゃいますか 세빈 씨는 계십니까?라고 말하게 되는 거죠. 왜냐하면 아무리 친구라 해도 그 친구 가족과 '나'의 관계에서 보면, 그 친구는 친구 가족 쪽에 더 가까운 사람이기 때문입니다. 즉 청자에 가까운 사람을 높여야 하기 때문에 친구를 높이게 되는 거죠. 가족들도 잘 아는 경우에는 セビンさんはいますか 세빈 씨는 있습니까? 정도로 말할 수도 있습니다.

일본어로 '잘못 거셨습니다'는?

일본에서는 '잘못 거셨습니다'라는 말을 잘 쓰지 않습니다. 상대방이 엉뚱한 사람의 이름을 말하면 あのう、~ですが 저어, ~인데요라고 하거나, どちらにおかけですか 어디에 거시는 거예요?라고 하는 경우가 일반적입니다. 그래도 꼭 '잘못 거셨습니다'라는 말을 하고 싶다면 おかけ間違[まちが]いじゃありませんか 잘못 거신 거 아닌가요? 정도로 말할 수 있습니다.

17 外食 외식

01 いらっしゃいませ。何名様ですか。

02 ご案内致しますので、こちらでお待ちください。

03 お好きなお席にお座りください。

04 禁煙席と喫煙席とどちらがよろしいですか。

05 只今満席となっておりますので、こちらにお名前と人数をお書きください。

🌸 단어

外食[がいしょく] 외식
01 何名様[なんめいさま] 몇 분
02 案内[あんない] 안내 **致す[いたす]** 하다(**する**의 공손한 말) **待つ[まつ]** 기다리다
03 好きな[すきな] 좋아하는 **席[せき]** 자리 **座る[すわる]** 앉다
04 禁煙席[きんえんせき] 금연석 **喫煙席[きつえんせき]** 흡연석
05 只今[ただいま] 지금 **満席[まんせき]** 만석, 만원 **名前[なまえ]** 이름 **人数[にんずう]** 인원수 **書く[かく]** 쓰다

17.mp3

01 어서 오십시오. 몇 분이십니까?

02 안내해 드릴 테니까, 여기에서 기다려 주십시오.

03 마음에 드시는 자리에 앉아 주십시오.

04 금연석과 흡연석 중 어디가 좋으십니까?

05 지금 만석이니까, 여기에 성함과 인원수를 써 주십시오.

표현

04 직역하면 '금연석과 흡연석 중 어느 쪽이 좋으십니까?'가 됩니다.
05 只今満席となっておりますので는 직역하면 '지금 만석으로 되어 있으니'가 됩니다.

17 外食 외식

06 順番が来ましたら、お呼び致します。

07 林様、3名様ご案内致します。

08 あの、予約をお願いしてあるんですが。

09 子供用の椅子はありますか。

10 相席でもよろしいですか。

🌸 단어

06 順番[じゅんばん] 순서, 순번 来ました[きました] 왔습니다 呼ぶ[よぶ] 부르다 致す[いたす] 하다(する의 곡손한 말)

07 ～様[さま] ～님 3名様[さんめいさま] 세 분 案内[あんない] 안내

08 予約[よやく] 예약 お願い[おねがい] 부탁

09 子供用[こどもよう] 어린이용 椅子[いす] 의자

10 相席[あいせき] 합석

17.mp3

O6 순서가 오면 불러 드리겠습니다.

O7 はやし님, 세 분 안내해 드리겠습니다.

O8 저어, 예약을 부탁드려 놓았는데요.

O9 어린이용 의자가 있습니까?

1O 합석이라도 괜찮으십니까?

🌸 표현

09 일본어에서 '~가 있습니까?'는 한국어와 달리 조사 は를 써서 ~はありますか~
는 있습니까?라고 합니다.

17 外食 외식

11 今日は定休日だって。

12 メニューをいただけますか。

13 英語のメニューはありませんか。

14 こちらがランチメニューです。

15 ご注文はお決まりですか。

단어

11 今日[きょう] 오늘 定休日[ていきゅうび] 정기휴일
13 英語[えいご] 영어
15 注文[ちゅうもん] 주문 決まる[きまる] 정해지다, 결정되다

11 오늘은 정기휴일이래.

12 메뉴를 주시겠습니까?

13 영어 메뉴는 없습니까?

14 이것이 런치 메뉴입니다.

15 주문은 정하셨습니까?

표현

11 ～って는 '～래, ～라고 하던데'라는 뜻입니다.
12 직역하면 '메뉴를 받을 수 있겠습니까?'가 됩니다.
15 직역하면 '주문은 정해지셨습니까?'가 됩니다.

17 外食 외식

16 すみませんが、もうちょっと待っていただけますか。

17 連れが来てから注文します。

18 すみません、注文お願いします。

19 こちらのお店ははじめてなんですが、何がお勧めですか。

20 これはどんな料理ですか。

❀단어

16 待つ[まつ] 기다리다
17 連れ[つれ] 동행, 일행, 동반자 来て[きて] 오고, 와서 注文[ちゅうもん] 주문
18 お願い[おねがい] 부탁
19 店[みせ] 가게 何[なに] 무엇 お勧め[おすすめ] 추천
20 料理[りょうり] 요리

17.mp3

16 죄송하지만, 좀 더 기다려 주시겠습니까?

17 일행이 온 다음에 주문할게요.

18 여기요, 주문 부탁해요.

19 이 가게는 처음인데, 뭐가 추천요리예요?

20 이것은 어떤 요리입니까?

표현

18 すみません은 '죄송합니다'라는 뜻인데, '여기요', '실례합니다'와 같이 사람을 부르는 경우에도 사용합니다.

17 外食 외식

21 どれにしたらいいか、迷っちゃう。

22 これを一人前とこれを二人前お願いします。

23 隣の人が食べてるあれ、お願いします。

24 お飲み物はいかがですか。

25 飲み物は結構です。

🍀 단어

21 迷う[まよう] 헤매다, 망설이다
22 一人前[いちにんまえ] 1인분 二人前[ににんまえ] 2인분 お願い[おねがい] 부탁
23 隣[となり] 옆, 이웃 人[ひと] 사람 食べる[たべる] 먹다
24 飲み物[のみもの] 마실 것, 음료
25 結構な[けっこうな] 충분한, 이제 된

17.mp3

21 어떤 것으로 하면 좋을지 못 정하겠어.

22 이것 1인분이랑 이것 2인분 부탁합니다.

23 옆 사람이 먹고 있는 저것, 부탁합니다.

24 마실 것은 어떻게 하시겠습니까?

25 마실 것은 됐습니다.

표현

21 迷っちゃう는 迷ってしまう의 구어체로, 직역하면 '어느 것으로 하면 좋을지 헤매/ 망설여 버려'가 됩니다.

22 一人, 二人라고 쓰면 음이 ひとり, ふたり가 되지만, '1인분', '2인분'을 나타내는 一 人前, 二人前가 되면 음이 いちにん, ににんい 된다는 점에 유의하세요. 一人前, 二人前 대신에 一つ[ひとつ] 하나, 二つ[ふたつ] 둘라고 해도 됩니다.

24 직역하면 '마실 것은 어떠세요?'가 됩니다.

17 外食 외식

26 サラダのドレッシングは何になさいますか。

27 どんなドレッシングがありますか。

28 フレンチと和風とサウザンアイランドがございます。

29 以上でよろしいですか。

30 灰皿、もらえますか。

단어

26 何[なん] 무엇
28 和風[わふう] 일본식, 일본풍
29 以上[いじょう] 이상
30 灰皿[はいざら] 재떨이

17.mp3

26 샐러드의 드레싱은 뭘로 하시겠습니까?

27 어떤 드레싱이 있어요?

28 프렌치와 일본식과 사우전드 아일랜드가 있습니다.

29 이상으로 괜찮으십니까?

30 재떨이 주시겠습니까?

🌼 표현

28 한자 和 화는 '일본'을 나타내는 말입니다. 따라서 예를 들어 '영일사전'은 英和辞典 [えいわ じてん], '일본식 방'은 和室[わしつ]라고 합니다.

30 직역하면 '재떨이 받을 수 있습니까?'가 됩니다.

17 外食 외식

31 申し訳ございませんが、店内は禁煙となっております。

32 いただきます。

33 お料理がまだ来ないんですけど。

34 注文したのと違うんですけど。

35 すみませんが、スプーンをもう一ついただけますか。

단어

31 申し訳ない[もうしわけない] 죄송하다, 면목 없다　店内[てんない] 가게 안, 점내
禁煙[きんえん] 금연
33 料理[りょうり] 요리　来ない[こない] 오지 않다
34 注文[ちゅうもん] 주문　違う[ちがう] 다르다, 틀리다
35 もう一つ[もうひとつ] 하나 더

17.mp3

31 죄송합니다만, 가게 안은 금연입니다.

32 잘 먹겠습니다.

33 요리가 아직도 나오지 않는데요.

34 주문한 것과 다른데요.

35 죄송하지만, 숟가락을 하나 더 주시겠습니까?

표현

31 店内は禁煙となっております는 직역하면 '가게 안은 금연으로 되어 있습니다'가
됩니다.

17 外食 외식

36 お口に合いますか。

37 ちょっと塩を取ってくれる?

38 これじゃ、ちょっと足りないなぁ。もう一つ何か頼もうか。

39 もうおなかがいっぱい。

40 量が多くて食べきれない。

✿ 단어

36 口[くち] 입　合う[あう] 맞다
37 塩[しお] 소금　取る[とる] 집다, 가져오다
38 足りる[たりる] 족하다, 충분하다　もう一つ[もうひとつ] 하나 더　何か[なにか] 뭔가
　頼む[たのむ] 주문하다, 부탁하다
40 量[りょう] 양　多い[おおい] 많다　食べる[たべる] 먹다

17.mp3

36 입에 맞으세요?

37 잠깐 소금을 이리 줄래요?

38 이걸로는 좀 모자라네. 하나 더 뭐 주문할까?

39 이제 배가 불러.

40 양이 많아서 다 먹을 수 없어.

🌸 표현

40 ～きる는 '다 ～하다, 끝까지 ～하다'라는 뜻입니다. きる는 한자를 切る로 쓰는데 히라가나로 쓰는 경우도 많습니다.

17 外食 외식

41 残ったのは持ち帰りできますか。

42 僕におごらせて。

43 私にごちそうさせてください。

44 ごちそうさまでした。

45 あ、お金が足りない。

🌸단어

41 残る[のこる] 남다 持ち帰り[もちかえり] 싸 가져감
42 僕[ぼく] 나(남자) おごる 한턱내다
43 私[わたし] 저, 나 ごちそうする (음식을)대접하다, 한턱내다
45 お金[おかね] 돈 足りる[たりる] 족하다, 충분하다

41 남은 것은 싸 가져갈 수 있어요?

42 내가 한턱낼게.

43 제가 대접해 드리겠습니다.

44 잘 먹었습니다.

45 앗, 돈이 모자라네.

🌸 표현

42 직역하면 '나에게 한턱내게 해 줘'가 됩니다.
43 직역하면 '저에게 대접하게 해 주세요'가 됩니다.

17 外食 외식

46 割り勘にしましょう。

47 お会計、お願いします。

48 おいくらですか。

49 別々でお願いします。

50 この店は最近味が落ちた。

🌸단어

46 **割り勘[わりかん]** 더치페이, 각추렴
47 **会計[かいけい]** 계산, 회계 **お願い[おねがい]** 부탁
49 **別々で[べつべつで]** 따로따로, 제각기
50 **店[みせ]** 가게 **最近[さいきん]** 최근, 요새 **味[あじ]** 맛 **落ちる[おちる]** 떨어지다

17.mp3

46 더치페이로 합시다.

47 계산 부탁합니다.

48 얼마예요?

49 따로따로 부탁합니다.

50 이 가게는 요새 맛이 떨어졌다.

🌸 표현

49 別々では 別々に라고 해도 됩니다.

17 外食 외식

51 入り口の外まで人が並んでる。

52 こちらでお召し上がりですか、お持ち帰りですか。

53 テイクアウトでお願いします。

54 ハンバーガーとコーヒー、お願いします。

55 チーズバーガーのマスタードとピクルスを抜いてください。

❀단어

51 入り口[いりぐち] 입구　外[そと] 밖　人[ひと] 사람　並ぶ[ならぶ] 줄서다
52 召し上がる[めしあがる] ㄷ시다　持ち帰る[もちかえる] 싸 가져가다
53 お願い[おねがい] 부탁
55 抜く[ぬく] 빼다

17.mp3

51 입구 바깥까지 사람들이 줄서 있다.

52 여기에서 드십니까, 싸 가져가십니까?

53 테이크아웃으로 부탁합니다.

54 햄버거랑 커피를 부탁합니다.

55 치즈버거의 머스터드와 피클을 빼 주세요.

❀ 표현

53 テイクアウト는 持ち帰り라고 해도 됩니다.

17 外食 외식

56 お飲み物のサイズはいかがなさいますか。

57 番号をお呼びしますので、もう少々お待ちください。

58 お席までお持ちします。

59 ご注文の品はこれでお揃いですか。

60 アイスコーヒーにガムシロップとミルクはお付けしますか。

🌸 단어

56 飲み物[のみもの] 마실 것, 음료
57 番号[ばんごう] 번호　呼ぶ[よぶ] 부르다　もう少々[もうしょうしょう] 좀 더(공손한 말)　待つ[まつ] 기다리다
58 席[せき] 자리　持つ[もつ] 가지다, 들다
59 注文[ちゅうもん] 주문　品[しな] 물건, 물품, 상품　揃う[そろう] 빠짐없이 모이다, 갖추어지다
60 付ける[つける] 붙이다, 곁들이다

17.mp3

56 음료의 사이즈는 어떻게 하시겠습니까?

57 번호를 불러 드릴 테니까, 좀 더 기다려 주십시오.

58 자리까지 가져다 드리겠습니다.

59 주문하신 음식은 이걸로 빠진 게 없습니까?

60 아이스커피에 설탕 시럽과 밀크를 같이 드릴까요?

🌸 표현

60 ガムシロップ는 아이스커피 등의 찬 음료에 넣는 '액상 설탕'을 말하며, 줄여서 ガ
ムシロ라고도 합니다.

女 いらっしゃいませ。何名様ですか。

男 一人です。

女 お席にご案内致します。

女 ご注文はお決まりですか。

男 こちらのお店ははじめてなんですが、何がお勧めですか。

女 お肉とお魚とどちらがお好きですか。

男 肉の方が好きです。

女 じゃ、こちらのステーキランチセットがよろしいかと思いますが。

男 じゃ、それをお願いします。それから、灰皿もらえますか。

女 申し訳ございませんが、店内は禁煙となっております。

✽해석

여 어서 오십시오. 몇 분이십니까?

남 혼자예요.

여 자리에 안내해 드리겠습니다.

여 주문은 정하셨습니까?

남 이 가게는 처음인데요, 뭐가 추천요리예요?

여 고기와 생선 중 어떤 것을 좋아하십니까?

남 고기를 더 좋아해요.

여 그럼, 이 스테이크 런치세트가 좋으실 것 같은데요.

남 그럼, 그걸 부탁합니다. 그리고 재떨이 주시겠어요?

여 죄송합니다만, 가게 안은 금연입니다.

✻ 단어

何名様[なんめいさま] 몇 분   一人[ひとり] 혼자, 한 명   席[せき] 자리   案内[あんない] 안내   致す[いたす] 하다(공손함)   注文[ちゅうもん] 주문   決まる[きまる] 정해지다   店[みせ] 가게   何[なに] 무엇   お勧め[おすすめ] 추천   肉[にく] 고기   魚[さかな] 생선   好きな[すきな] 좋아하는   ～の方が[のほうが] ～가 더   思う[おもう] 생각하다   お願い[おねがい] 부탁   灰皿[はいざら] 재떨이   申し訳ない[もうしわけない] 죄송하다, 면목 없다   店内[てんない] 가게 안, 점내   禁煙[きんえん] 금연

✻ 표현

ステーキランチセットがよろしいかと思います에서 か를 빼도 말이 되긴 하지만, '스테이크 런치세트가 좋을 겁니다'라는 단언하는 말투가 되므로 듣는 사람의 기분이 좀 나쁠 수도 있습니다. 좋을지 안 좋을지는 손님이 정하는 것이고, 또 손님에게는 최대한 공손하게 대해야 하므로 이런 경우는 か를 넣어서 '좋을까 싶습니다'라는 말투로 쓰는 것이 좋습니다.

❖ 아하, 일본에서는!

いただきます는 '얻어먹겠다'는 뜻?

いただきます 잘 먹겠습니다라는 말은 일상적으로 많이 쓰는 인사말인데, 다른 사람과 함께 식사를 할 때는 조심해서 써야 합니다. 다른 사람이 사 주기로 해서 먹으러 갔을 때는 당연히 いただきます라는 인사를 하고 나서 먹기 시작해야 하지만, 누가 살지 결정되지 않은 상황에서 いただきます라는 말을 하게 되면 상대방에게 '얻어먹겠다'는 뜻이 되어 버립니다. 따라서 그런 상황에서는 아무 말 없이 식사를 시작하는 것이 좋습니다.

18 飲み会 술자리

01 じゃ、まずビールから。

02 乾杯！

03 じゃ、イッキで！

04 何か食べてから飲んだ方がいいですよ。

05 このお店はおつまみがおいしい。

 단어

飲み会[のみかい] 술모임, 술자리
02 乾杯[かんぱい] 건배
04 何か[なにか] 뭔가　食べる[たべる] 먹다　飲む[のむ] 마시다　～方[ほう] ～편
05 店[みせ] 가게　つまみ 안주

18.mp3

01 그럼, 우선 맥주부터.

02 건배!

03 그럼, 원샷으로!

04 뭐라도 먹은 다음에 마시는 편이 좋아요.

05 이 가게는 안주가 맛있다.

표현

04 직역하면 '뭔가 먹은 다음에'가 됩니다.
05 '가게', '안주'는 お 없이 店, つまみ라고도 쓰지만, お가 없으면 약간 거친 말이 되는 단어라서 여자들은 보통 앞에 お를 붙여서 お店, おつまみ라고 합니다. 남자들은 편하게 말할 때는 お를 빼고 쓰고, 공손하게 말할 때는 お를 붙여서 쓰면 됩니다.

18 飲み会 술자리

06 お酒に強いですね。

07 すみません。私、飲めないんですよ。

08 今の発言はセクハラになるよ。

09 2次会はどこに行く？

10 もう帰るの？もうちょっと飲もうよ。

🌸 단어

06 酒[さけ] 술 強い[つよい] 강하다, 세다
07 私[わたし] 저, 나 飲む[のむ] 마시다
08 今[いま] 지금 発言[はつげん] 발언
09 2次会[にじかい] 2차 行く[いく] 가다
10 帰る[かえる] 집에 가다, 돌아가다

18.mp3

O6 술을 잘 마시네요.

O7 죄송합니다. 저, 술 못 마시거든요.

O8 지금 발언은 성희롱이 돼.

O9 2차는 어디로 갈래?

1O 벌써 집에 가는 거야? 좀 더 마시자.

🌸 표현

06 조사 に를 써서 酒に強い라고 합니다.

08 セクハラ는 セクシュアルハラスメント sexual harassment의 준말로, '성희롱'이라는 뜻입니다.

18 飲み会 술자리

11 もう一軒飲みに行こう。

12 お酒、もうそのくらいにしといたら？

13 今日は飲みすぎた。

14 カラオケに行こう。

15 韓国の歌もありますか。

❀ 단어

11 一軒[いっけん] 한 채, 한 집 飲む[のむ] 마시다 行く[いく] 가다
12 酒[さけ] 술
13 今日[きょう] 오늘
15 韓国[かんこく] 한국 歌[うた] 노래

18.mp3

11 한 군데 더 마시러 가자.

12 술, 이제 그 정도로 해 두는 게 어때?

13 오늘은 과음했다.

14 노래방에 가자.

15 한국 노래도 있어요?

표현

12 직역하면 '술, 이제 그 정도로 해 두면?'이 되는데, 이 문장처럼 뒷부분의 どう어때를 생략해서 쓰는 경우가 많습니다.

14 '노래방'은 カラオケボックス라고 하는데, '노래방 가자'라고 할 때는 보통 カラオケ라고만 합니다.

18 飲み会 술자리

16 キーを下げて。

17 私、音痴なんです。

18 これ、何ていう歌？

19 この歌、覚えたい。

20 この歌なら歌える。

🌸 단어

16 下げる[さげる] 낮추다, 내리다
17 私[わたし] 저, 나 音痴[おんち] 음치
18 何[なん] 무엇 歌[うた] 노래
19 覚える[おぼえる] 외우다, 기억하다
20 歌う[うたう] (노래를)부르다

18.mp3

16 키를 낮춰 줘.

17 저, 음치거든요.

18 이것, 노래 제목이 뭐야?

19 이 노래, 배우고 싶어.

20 이 노래라면 부를 수 있어.

🌸 표현

16 반대말인 '키를 올리다'는 キーを上[あ]げる라고 합니다.

18 직역하면 '이것, 뭐라고 하는 노래야?'가 되는데, 노래 제목을 묻는 말입니다. ～てい
う는 ～という～라고 하는의 구어체입니다.

19 직역하면 '외우고 싶다'가 됩니다.

女 何頼む？
男 まず、ビールから。

女 じゃ、乾杯！
男 乾杯！
女 このお店はおつまみがおいしいね。
男 うん。だから、ここによく来るんだ。直子は酒に強い？
女 ううん、あんまり飲めない。

男 もう一軒飲みに行こう。
女 もうそろそろ帰らないと。
男 ええ?! もう帰るの？もうちょっと飲もうよ。それか、カラオ
ケとか。
女 ううん、もう遅くなるから。また今度ね。

✽ 해석

여 뭐 주문할까?
남 우선 맥주부터.

여 그럼, 건배!
남 건배!
여 이 가게는 안주가 맛있네.
남 응. 그래서 여기에 자주 오는 거야. 나오코는 술이 세?
여 아니, 별로 못 마셔.

남 한 군데 더 마시러 가자.
여 이제 슬슬 집에 가야지.
남 잉?! 벌써 집에 가는 거야? 좀 더 마시자. 아니면 노래방이라든가.
여 아니, 늦었으니까. 다음에 또 가자.

✻단어

何[なに] 무엇　頼む[たのむ] 시키다, 주문하다, 부탁하다　乾杯[かんぱい] 건배　店[み せ] 가게　来る[くる] 오다　酒[さけ] 술　強い[つよい] 강하다, 세다　飲む[のむ] 마시다 一軒[いっけん] 한 집, 한 채　行く[いく] 가다　帰る[かえる] 돌아가다, 집에 가다　遅い [おそい] 늦다　今度[こんど] 다음

✻표현

遅くなるから는 직역하면 '늦어지니까'가 됩니다.
또 今度는 직역하면 '또 다음에'가 됩니다.

❖아하, 일본에서는!

술자리에서의 한국과 일본의 차이점

일본에서 술을 마시러 가면 보통 **まずビールから**우선 맥주부터입니다. 일본에 서는 술모임에서 처음부터 독한 술을 마시는 경우가 많지 않은 것 같아요.

술자리에서 흔히 듣는 말인 **イッキ**원샷는 一気[いっき]단숨라는 말에서 나온 말입니다. 단숨에 마시니까요. 그런데 일본보다 한국이 훨씬 원샷을 많이 시키는 것 같아요. 그리고 한국에서는 술을 마시다 보면 여러 번 건배를 하는데, 일본에 서는 처음 마시기 시작할 때 한 번 건배를 하면 마시는 중간 중간에는 건배를 하 지 않습니다. 건배를 했다고 원샷해야 하는 것도 아니구요.

하나 더 큰 차이는 일본에서는 술 종류에 관계없이 첨잔을 한다는 점입니다. 술 잔이 완전히 빌 때까지 술을 따라 주지 않는 것이 오히려 예의에 어긋나는 일입 니다. 한국 사람과 일본 사람이 같이 술을 마실 때 일본 사람이 첨잔을 하려 하 면 한국 사람이 얼른 잔에 남은 술을 마셔서 첨잔하려던 일본 사람이 깜짝 놀라 는 일이 벌어지기도 해요.

먼저 오디오를 듣고 따라 말해 보세요!

19 訪問 방문

01 いらっしゃい。

02 どうぞお上がりください。

03 お邪魔します。

04 こちらにどうぞ。

05 これ、大した物じゃありませんけど、韓国から
のお土産です。

단어

訪問[ほうもん] 방문
02 **上がる[あがる]** 올라가다
03 **邪魔[じゃま]** 방해
05 **大した[たいした]** 대단한, 이렇다 할 정도의 **物[もの]** 것, 물건 **韓国[かんこく]** 한국 **土産[みやげ]** 선물

19.mp3

01 어서 와요.

02 어서 들어오세요.

03 들어가겠습니다.

04 이리 오세요.

05 이것, 별거 아니지만 한국에서 가져온 선물입니다.

❀ 표현

02 집에 '들어오다/들어가다'라고 할 때는 上がる라는 동사를 씁니다.

03 お邪魔します는 직역하면 '방해하겠습니다'가 되는데 ,남의 집을 방문할 때 씁니다. 방문을 마치고 떠날 때는 お邪魔しました라고 하면 됩니다.

04 직역하면 '이쪽으로 어서' 정도가 되는데, 뒷부분에 お入[はい]りください들어오십 시오가 생략된 말입니다.

05 韓国からのお土産です는 직역하면 '한국으로부터의 선물입니다'가 됩니다. 土 産는 여행지에서 사 오는 선물이나 남의 집을 방문할 때 가져가는 선물을 말합니다.

19 訪問 방문

06 わざわざお気遣いいただいて、すみません。

07 トイレをお借りしてもいいですか。

08 韓国では女の人もあぐらをかくんですが、あ
ぐらをかいてもいいですか。

09 遅くなりますので、そろそろ失礼させていた
だきます。

10 また遊びにいらっしゃってください。

❀ 단어

06 わざわざ 특별히, 일부러　気遣い[きづかい] 마음을 씀, 염려함
07 借りる[かりる] 빌리다
08 韓国[かんこく] 한국　女の人[おんなのひと] 여자　あぐら 양반다리　かく (양반다
리를)하다
09 遅い[おそい] 늦다　失礼[しつれい] 실례
10 遊ぶ[あそぶ] 놀다

19.mp3

06 특별히 마음 써 주셔서 감사합니다.

07 화장실을 써도 됩니까?

08 한국에서는 여자도 양반다리를 하는데, 양반다리를 해도 됩니까?

09 늦어지니까, 이제 가 보겠습니다.

10 또 놀러 오십시오.

표현

06 お気遣いいただいては 직역하면 '신경 씀을 받아서'가 됩니다.

08 일본에서는 여자들이 양반다리를 하지 않습니다. 그래서 여자가 양반다리를 해서 앉으면 사람들이 깜짝 놀라요. 겉으로 표시를 내지는 않겠지만요. 가능하면 양반다리를 하지 않는 것이 좋지만 너무 불편해서 안 되겠다 싶으면 한국에서는 여자도 양반다리를 한다는 걸 말하고 양해를 구하세요.

男 こんにちは。

女 いらっしゃい。どうぞお上がりください。

男 お邪魔します。

女 こちらにどうぞ。

男 これ、大した物じゃありませんけど、韓国からのお土産です。

女 わざわざお気遣いいただいて、すみません。今、お茶入れますね。

男 いただきます。おいしいお茶ですね。

女 そうですか。これも召し上がってみてください。お口に合うかどうかわかりませんけど。

男 じゃ、遠慮なくいただきます。

✽ 해석

남 안녕하세요.

여 어서 오세요. 어서 들어오세요.

남 들어가겠습니다.

여 이리로 오세요.

남 이것, 별거 아니지만 한국에서 가져온 선물입니다.

여 특별히 마음 써 주셔서 감사합니다. 지금 차 끓일게요.

남 잘 먹겠습니다. 맛있는 차네요.

여 그래요? 이것도 드셔 보세요. 입에 맞을지 (어떨지) 모르겠지만요.

남 그럼, 사양하지 않고 먹겠습니다.

✤단어

上がる[あがる] 올라가다　邪魔[じゃま] 방해　大した[たいした] 대단한, 이렇다 할 정
도의　物[もの] 것, 물건　韓国[かんこく] 한국　土産[みやげ] 선물　気遣い[きづかい]
마음을 씀, 염려함　今[いま] 지금　お茶[おちゃ] (마시는)차　入れる[いれる] (차를)끓이
다, 넣다　召し上がる[めしあがる] 드시다　口[くち] 입　合う[あう] 맞다　遠慮[えん
りょ] 사양

✤표현

わざわざ 특별히, 일부러와 혼동하기 쉬운 단어로 わざと 일부러가 있습니다. 이 두 단어 모
두 한국어로 번역하면 '일부러'가 되다 보니 잘못 쓰는 경우가 많습니다. わざわざ는 주
로 어떤 사람을 위해서 하는 좋은 일에 대해서 쓰는 것에 비해, わざと는 '고의로, 의도
적으로'라는 뜻을 가지고 주로 부정적인 내용에 대해서 말할 때 씁니다.

❖아하, 일본에서는!

일본 사람 집에 갔을 때의 주의사항

일본에서는 집이나 가게에 들어갈 때 등 신발을 벗는 일이 있으면 벗은 신발을
가지런히 정돈하라고 어릴 때부터 교육 받는 경우가 많습니다. 일본 사람 집에
놀러 갔을 때는 신발을 가지런히 정돈하고 들어가도록 하세요. 신발을 정돈하
는 방향은 나갈 때 바로 신고 나갈 수 있는 방향, 즉 신발의 뒤축이 집안을 향하
도록 놓아야 합니다.

トイレをお借りしてもいいですか 화장실을 써도 됩니까?라는 표현이 나왔는
데, 다른 사람 집에서 전화기를 쓰거나 화장실을 쓸 때는 借りる 빌리다라는 표
현을 씁니다. '잠깐 빌려 쓴다'는 감각이죠. 使ってもいいですか 써도 됩니까?
라고 해도 뜻은 통하지만 약간 무례한 느낌이 들 수 있으므로 お借りしてもい
いですか를 쓰세요.

20 恋愛 연애

01 僕にもやっと彼女ができた。

02 好きな人がいるけど、告白する勇気がありません。

03 俺と付き合う気ない?

04 ごめん。ほかに好きな人がいるの。

05 私のタイプじゃない。

 단어

恋愛[れんあい] 연애
01 僕[ぼく] 나(남자) 彼女[かのじょ] 여자친구, 그녀
02 好きな[すきな] 좋아하는 人[ひと] 사람 告白[こくはく] 고백 勇気[ゆうき] 용기
03 俺[おれ] 나(남자) 付き合う[つきあう] 사귀다 気[き] 마음, 생각
05 私[わたし] 나, 저

20.mp3

O1 나에게도 드디어 여자친구가 생겼다.

O2 사랑하는 사람이 있지만, 고백할 용기가 없습니다.

O3 나랑 사귈 마음 없어?

O4 미안해. 따로 사랑하는 사람이 있어.

O5 내 타입이 아니야.

🌸 표현

02 사람에 대해서 好き라는 표현을 쓸 때는 '좋아한다'의 뜻으로 쓸 때도 있지만 '사랑한다'의 뜻으로 쓰는 경우가 많습니다.

04 남자의 경우는 ほかに好きな人がいるんだ라고 합니다.

05 반말에서는 여자만 私를 쓰고, 남자는 俺[おれ]나 僕[ぼく]를 씁니다. 공손하게 말할 때는 남자도 私를 쓸 수 있습니다.

20 恋愛 연애

06 一目ぼれしました。

07 持てる人がうらやましい。

08 会いたい。

09 デートに誘いましたが、断られました。

10 彼女とけんかした。

🍀 **단어**

06 一目ぼれ[ひとめぼれ] 한눈에 반함
07 持てる[もてる] (이성에게)인기가 있다 人[ひと] 사람 うらやましい 부럽다
08 会う[あう] 만나다
09 誘う[さそう] 권(유)하다, 유혹하다 断る[ことわる] 거절하다
10 彼女[かのじょ] 여자친구, 그녀

O6 한눈에 반했습니다.

O7 (이성에게) 인기 있는 사람이 부럽다.

O8 보고 싶다.

O9 데이트를 하자고 했지만, 거절당했습니다.

1O 여자친구와 싸웠다.

❀표현

07 持てる는 가타카나를 써서 モテる라고 쓰는 경우가 많습니다.

2O 恋愛 연애

11 前の彼氏とは先月別れました。

12 浮気したのがばれて振られた。

13 ずっと片思いだった人と両思いになりました。

14 二股かけられた。

15 彼に同棲しようと言われました。

🌸 단어

11 前[まえ] 전, 앞 彼氏[かれし] 남자친구 先月[せんげつ] 지난달 別れる[わかれる] 헤어지다
12 浮気[うわき] 바람을 피움 ばれる 들통 나다, 들키다 振る[ふる] 차다
13 ずっと 계속, 훨씬 片思い[かたおもい] 짝사랑 人[ひと] 사람 両思い[りょうおもい] 서로 사랑함
14 二股[ふたまた] 양다리
15 彼[かれ] 남자친구, 그 同棲[どうせい] 동거 言う[いう] 말하다

11 예전 남자친구와는 지난달에 헤어졌습니다.

12 바람을 피운 것이 들통 나서 차였다.

13 계속 짝사랑했던 사람과 서로 사랑하는 사이가 되었습니다.

14 양다리 걸침을 당했다.

15 남자친구로부터 동거하자는 말을 들었습니다.

표현

13 両思い는 직역할 수 있는 한국어가 없지만, 片思い와 반대되는 '양사랑, 쌍사랑'이라
고 해석하면 느낌을 알 수 있지요. 한자를 片想い, 両想い로 쓰는 경우도 있습니다.
14 '양다리 걸치다'는 二股(を)かける라고 합니다.
15 직역하면 '남자친구에게 동거하자고 말해졌습니다' 정도가 됩니다. '동거'라는 한자어
同居[どうきょ]는 부모님이나 친구 등과 함께 사는 경우에 씁니다. 결혼 전에 이성
과 함께 사는 경우에는 同棲라는 말을 씁니다.

20 恋愛 연애

16 僕と結婚してくれる？

17 2年間付き合ってきた彼と婚約しました。

18 初恋の人と結婚することになった。

19 今妊娠3ヶ月です。

20 別居中の妻と離婚することにした。

🌸 단어

16 僕[ぼく] 나(남자) 結婚[けっこん] 결혼
17 2年間[にねんかん] 2년간 付き合う[つきあう] 사귀다 彼[かれ] 남자친구, 그 婚約[こんやく] 약혼
18 初恋[はつこい] 첫사랑 人[ひと] 사람
19 今[いま] 지금 妊娠[にんしん] 임신 3ヶ月[さんかげつ] 3개월
20 別居[べっきょ] 별거 ～中[ちゅう] ～중 妻[つま] 아내, 처 離婚[りこん] 이혼

16 나랑 결혼해 줄래?

17 2년간 사귀어 온 남자친구와 약혼했습니다.

18 첫사랑의 사람과 결혼하게 되었다.

19 지금 임신 3개월입니다.

20 별거 중인 아내와 이혼하기로 했다.

🌸 표현

17 '약혼'을 일본어에서는 婚約 혼약라고 합니다. 한자의 순서가 한국어와 반대입니다.

男 僕にもやっと彼女ができたよ。

女 本当?それはおめでとう。どんな人?

男 友達の友達なんだけど、僕が一目ぼれしたんだ。

女 うまくいってよかったね。

男 小百合は彼氏とうまくいってる?

女 先月別れたの。

男 え?! どうして?

女 浮気したのがばれて振られちゃった。

男 浮気?小百合が浮気したの?

女 うん、ちょっとね。

✽해석

남 나에게도 드디어 여자친구가 생겼어.

여 정말? 그거 축하해. 어떤 사람이야?

남 친구의 친구인데, 내가 한눈에 반했거든.

여 잘 돼서 다행이네.

남 사유리는 남자친구랑 잘 돼 가?

여 지난달에 헤어졌어.

남 어?! 왜?

여 바람피운 것이 들통 나서 차였어.

남 바람? 사유리가 바람피운 거야?

여 응. 조금.

✽단어

僕[ぼく] 나(남자) 彼女[かのじょ] 여자친구, 그녀 本当[ほんとう] 정말 人[ひと] 사람 友達[ともだち] 친구 一目ぼれ[ひとめぼれ] 한눈에 반함 彼氏[かれし] 남자친구 先月[せんげつ] 지난달 別れる[わかれる] 헤어지다 浮気[うわき] 바람을 피움 振る[ふる] 차다

✽표현

참고로 '불륜'은 不倫[ふりん]이라고 합니다.

❖아하, 일본에서는!

愛人[あいじん] 정부**과 恋人[こいびと]** 애인

한국에서는 '애인'이라는 말을 많이 쓰죠? 한자로 쓰면 愛人인데 이 한자는 일본어로 あいじん이라고 읽고 '정부'라는 뜻이 되어 버립니다. 잘못 사용하지 않도록 조심하세요. '애인'의 뜻으로 쓰이는 단어로 恋人라는 말이 있지만, 일상 회화에서 많이 쓰는 말은 아닙니다. 愛[あい]와 恋[こい]는 둘 다 '사랑'이라고 번역되는데, 愛는 남녀 관계뿐만 아니라 보다 넓은 사랑을 뜻하고, 恋는 남녀 간의 사랑에 대해서만 쓰이는 말로 '연애'와 거의 같은 뜻입니다.

3장 休みの日に 쉬는 날에

쉬는 날에 하는 일은 사람마다 다양하겠죠. 그 수많은 상황을 모두 다룰 수는 없으니 여기에서는 '쇼핑'과 '영화관', '미용실'만 다루어 보겠습니다. 쇼핑에 관한 표현은 짧게 일본에 여행 갔다 오는 사람들에게도 필요할 테니 잘 익혀서 써 보세요.

休み[やすみ] 쉼, 쉬는 날 **日[ひ]** 날

21 買い物 쇼핑

O1 いらっしゃいませ。

O2 何かお探しですか。

O3 見てるだけです。

O4 ご試着なさいますか。

O5 よくお似合いですよ。

 단어

買い物[かいもの] 쇼핑
02 何か[なにか] 뭔가 探す[さがす] 찾다
03 見る[みる] 보다
04 試着[しちゃく] 입어 봄 なさる 하시다
05 似合う[にあう] 어울리다

21.mp3

01 어서 오십시오.

02 뭐 찾으시는 것이 있으세요?

03 구경만 할게요.

04 입어 보시겠습니까?

05 잘 어울리세요.

🌸 **표현**

02 직역하면 '뭔가 찾으십니까?'가 됩니다.
03 직역하면 '보고 있을 뿐입니다'가 됩니다.

21 買い物 쇼핑

06 これ、Mサイズはありますか。

07 ほかの色はありますか。

08 ちょっと小さいみたいなんですが、もうちょっと大きいのはありませんか。

09 もうちょっと明るい色だといいんですけど。

10 ちょっと考えさせてください。

🌸 단어

06 Mサイズ[エム サイズ] M사이즈
07 色[いろ] 색
08 小さい[ちいさい] 작다　大きい[おおきい] 크다
09 明るい[あかるい] 밝다
10 考える[かんがえる] 생각하다

21.mp3

06 이것, M사이즈가 있습니까?

07 다른 색이 있습니까?

08 좀 작은 것 같은데, 좀 더 큰 것은 없습니까?

09 좀 더 밝은 색이면 좋겠는데요.

10 좀 생각해 볼게요.

🌸 **표현**

10 직역하면 '좀 생각하게 해 주세요'가 됩니다. 가게에서 물건을 보기만 하고 사지 않고
나올 때 이 표현을 쓰면 됩니다.

21 買い物 쇼핑

11 これの23.5センチはありますか。

12 探して参りますので、少々お待ちください。

13 すみません、この本を探しているんですが。

14 どうぞご試食ください。

15 大変お買い得になっております。

단어

11 23.5センチ[にじゅう さんてん ごセンチ] 23.5cm
12 探す[さがす] 찾다 参る[まいる] 오다, 가다(来[く]る, 行[い]く의 공손한 말) 少々[しょうしょう] 잠시만(공손한 말) 待つ[まつ] 기다리다
13 本[ほん] 책
14 試食[ししょく] 시식
15 大変[たいへん] 대단히, 아주 買い得[かいどく] 사면 득이 됨

11 이것 23.5cm짜리 있습니까?

12 찾아 올 테니까, 잠시만 기다려 주십시오.

13 여기요, 이 책을 찾고 있는데요.

14 어서 시식해 주십시오.

15 아주 싸게 나왔습니다.

🌸 표현

11 일본에서는 신발 사이즈를 센티미터cm로 나타냅니다. cm는 일본어로 センチメート ル라고 읽는데, 일상회화에서는 줄여서 センチ라고 씁니다. 일본어에서 23.5와 같은 '소수점'은 てん으로 읽습니다.

15 직역하면 '대단히 득이 되게 되어 있습니다'가 됩니다. 買い得는 買得로도 씁니다.

21 買い物 쇼핑

16 お取り寄せしましょうか。

17 これはいくらですか。

18 これをいただけますか。

19 ご自宅用ですか。

20 プレゼント用に包んでいただけますか。

단어

16 取り寄せる[とりよせる] 주문해서 들여오다, 가져오게 하다
19 自宅[じたく] 지택 ~用[よう] ~용
20 包む[つつむ] 포장하다, 싸다

21.mp3

16 주문해 드릴까요?

17 이것은 얼마입니까?

18 이것을 주시겠습니까?

19 자택용이세요?

20 선물용으로 포장해 주시겠습니까?

※ 표현

16 직역하면 '주문해서 들여오게 해 드릴까요?'가 됩니다. 매장에 손님이 원하는 물건이 없을 때 그 상품을 주문해서 들여오게 하는 상황입니다.
18 직역하면 '이것을 받을 수 있겠습니까?'가 됩니다.

21 買い物 쇼핑

21 お支払いはいかがなさいますか。

22 現金で払います。

23 3,820円のお返しとレシートです。

24 カードは使えますか。

25 お支払い回数はどうされますか。

🌸 단어

21 支払い[しはらい] 지불
22 現金[げんきん] 현금 払う[はらう] 지불하다, 내다
23 3,820円[さんぜん はっぴゃく にじゅうえん] 3,820엔 返し[かえし] 거스름돈,
   답례
24 使う[つかう] 사용하다
25 回数[かいすう] 횟수

21 지불은 어떻게 하시겠습니까?

22 현금으로 낼게요.

23 3,820엔의 거스름돈과 영수증입니다.

24 카드는 쓸 수 있습니까?

25 지불 횟수는 어떻게 하시겠습니까?

표현

23 '거스름돈'으로 쓰이는 단어에 お釣り[おつり]라는 말도 있는데, お返し가 더 공손한 말입니다.
24 カード는 クレジットカード신용카드의 준말입니다.

21 買い物 쇼핑

26 3回の分割払いでお願いします。

27 これなんですが、返品をお願いできますか。

28 これと交換していただけますか。

29 レシートをお持ちですか。

30 本屋で立ち読みをした。

단어

26 3回[さんかい] 3회 分割払い[ぶんかつ ばらい] 할부 お願い[おねがい] 부탁
27 返品[へんぴん] 반품
28 交換[こうかん] 교환
29 持つ[もつ] 가지다, 들다
30 本屋[ほんや] 서점 立ち読み[たちよみ] 책을 사지 않고 서점에서 서서 읽음

26 3개월 할부로 부탁합니다.

27 이것 말인데요, 반품을 부탁할 수 있습니까?

28 이것과 교환해 주시겠습니까?

29 영수증을 가지고 계십니까?

30 서점에서 책을 사지 않고 읽었다.

❀ 표현

26 직역하면 '3번의 분할 지불로 부탁합니다'가 됩니다. 참고로 '일시불'은 一括払い[いっかつ ばらい]라고 합니다.

29 '영수증'이라는 한자어 領収書[りょうしゅうしょ]는 손으로 쓴 작은 서류를 말합니다. 한국에서 흔히 '영수증'이라고 하는 것은 レシート라고 합니다.

女 いらっしゃいませ。何かお探しですか。

男 これ、Mサイズはありますか。

女 はい、こちらにございます。ご試着なさいますか。

男 はい。

女 大変よくお似合いですよ。

男 じゃ、これをいただけますか。

女 ありがとうございます。お支払いはいかがなさいますか。

男 カードは使えますか。

女 はい。お支払い回数はどうされますか。

男 3回の分割払いでお願いします。

☆ 해석

여 어서 오십시오. 뭐 찾으시는 것이 있으세요?

남 이것, M사이즈가 있어요?

여 네, 여기에 있습니다. 입어 보시겠어요?

남 네.

여 아주 잘 어울리세요.

남 그럼, 이걸 주시겠어요?

여 감사합니다. 지불은 어떻게 하시겠습니까?

남 카드는 쓸 수 있어요?

여 네. 지불 횟수는 어떻게 하시겠습니까?

남 3개월 할부로 부탁드릴게요.

✿단어

何か[なにか] 뭔가　探す[さがす] 찾다　Mサイズ[エム サイズ] M사이즈　試着[しちゃく] 입어 봄　大変[たいへん] 대단히, 아주　似合う[にあう] 어울리다　支払い[しはらい] 지불　使う[つかう] 사용하다　回数[かいすう] 횟수　3回[さんかい] 3회　分割払い[ぶんかつ ばらい] 할부　お願い[おねがい] 부탁

✿표현

カードは使えますか를 한국어에서는 '는'을 쓰지 않고 '를'을 써서 '카드를 쓸 수 있어요?'라고도 하지요? 그런데 일본어에서는 は를 쓰는 것이 자연스럽습니다. 어떤 것에 대해서 말을 꺼내고자 할 때나 주제로 부각시키고자 할 때는 は를 씁니다.

❖ 아하, 일본에서는!

일본의 사이즈 단위

한국에서는 신발 사이즈를 mm밀리미터로 나타내지만, 일본에서는 cm센티미터로 나타냅니다. 즉, 235mm는 23.5センチ, 260mm는 26センチ가 됩니다. 옷의 사이즈는 S, M, L, LL/XL로 나타냅니다. 바지나 치마의 허리 사이즈도 '인치'가 아닌 cm로 나타내기 때문에, 허리가 25인치라면 63センチ 정도가 됩니다.

물건값을 깎지 마세요!

젊은 사람들은 그런 사람이 별로 없으리라 생각되지만, 일본에 놀러간 사람들 중에 자꾸 물건값을 깎으려고 하는 사람들이 있습니다. 한국에서는 값을 깎아서 사는 습관이 많이 있지만 일본에서는 별로 없습니다. 오래된 재래시장 같은 곳도 쿄의 アメ横[あめよこ] 등이라면 값을 깎아서 살 수도 있지만 아주 극소수입니다. 그러니 물건을 살 때 값을 깎으려 하지 마세요.

22 映画館 영화관

01 最近、人気のある映画って何？

02 この映画、もう見た？

03 まだ見てない。

04 大人2枚、子供1枚ください。

05 今日はレディースデーだから、女性は1,000
円だ。

映画館[えいがかん] 영화관
01 最近[さいきん] 최근, 요즘 人気[にんき] 인기 映画[えいが] 영화 何[なに] 무엇
02 見る[みる] 보다
04 大人[おとな] 어른 2枚[にまい] 두 장 子供[こども] 어린이, 아이 1枚[いちまい]
　 한 장
05 今日[きょう] 오늘 女性[じょせい] 여성 1,000円[せんえん] 1,000엔

O1 요즘 인기 있는 영화가 뭐야?

O2 이 영화, 벌써 봤어?

O3 아직 안 봤어.

O4 어른 두 장, 어린이 한 장 주세요.

O5 오늘은 레이디스 데이니까, 여성은 1,000엔이다.

✿ 표현

03 시제가 ~てない가 된다는 점에 유의하세요. '아직 ~하지 않았다'라고 할 때는 ま
だ~てない가 됩니다.

04 子供는 가격표 같은 곳에는 小人[しょうにん]으로 표기되어 있지만, 일상회화에서
는 쓰지 않는 단어이므로 말할 때는 子供를 쓰면 됩니다.

22 映画館 영화관

06 前売りを買っておいた。

07 指定席でお願いします。

08 お席はどこがよろしいですか。

09 ポップコーン、食べる?

10 一人で映画を見に行ったら、ナンパされた。

🌸단어

06 前売り[まえうり] 예매권, 예매 買う[かう] 사다
07 指定席[していせき] 지정석 お願い[おねがい] 부탁
08 席[せき] 자리
09 食べる[たべる] 먹다
10 一人[ひとり] 혼자, 한 명 映画[えいが] 영화 見る[みる] 보다 行く[いく] 가다
　 ナンパ 헌팅(길거리 등에서 남자가 여자에게 말을 거는 것)

22.mp3

06 예매권을 사 놓았다.

07 지정석으로 부탁합니다.

08 자리는 어디가 좋으세요?

09 팝콘 먹을래?

10 혼자서 영화를 보러 갔더니 헌팅을 당했다.

표현

06 前売り는 '예매'라는 뜻으로도 사용되는데, '예매권'의 뜻으로 쓸 때는 前売り券[ま えうりけん]을 줄인 말입니다.

男 映画でも見に行こうか。

女 うん、いいね。

男 見たい映画、ある?

女 最近、人気のある映画って何?

男 やっぱりハリー・ポッターじゃない?もう見た?

女 ううん、まだ見てない。見た?

男 ううん、俺もまだ。じゃ、ハリー・ポッター見る?

女 うん、そうしよう。今日はちょうどレディースデーだから、
　 私は1,000円で見られるんだ。

男 ちょうどよかったね。

✻ 해석

남 영화라도 보러 갈까?
여 응, 괜찮네.
남 보고 싶은 영화 있어?
여 요즘 인기 있는 영화가 뭐야?
남 역시 해리포터 아니야? 벌써 봤어?
여 아니, 아직 안 봤어. 봤어?
남 아니, 나도 아직. 그럼, 해리포터 볼래?
여 응. 그러자. 오늘은 마침 레이디스 데이니까, 나는 1,000엔으로 볼 수 있어.
남 마침 잘 됐네.

✼ 단어

映画[えいが] 영화 見る[みる] 보다 行く[いく] 가다 最近[さいきん] 최근, 요즘 人気[にんき] 인기 何[なに] 무엇 俺[おれ] 내(남자) 今日[きょう] 오늘 私[わたし] 나, 저 1,000円[せんえん] 1,000엔

✼ 표현

映画でも見に行こうか와 같이 〈동사 청유형+か〉가 되면 '(같이) ~할까?'의 뜻이 됩니다. 또 〈동사 청유형+か〉에는 '(내가) ~할까?/~해 줄까?'의 뜻도 있습니다. 예를 들어 俺がしようか라고 하면 '내가 할까?/해 줄까?'의 뜻이 됩니다. 동사의 청유형은 의향형 또는 의지형이라고도 불리며 '~하자'의 뜻입니다.

❖ 아하, 일본에서는!

일본의 영화관

일본의 영화관은 두 가지 유형으로 나누어집니다. 하나는 지정석과 자유석이 있는 영화관이고, 또 하나는 모든 좌석이 지정석인 영화관입니다. 지정석과 자유석이 있는 영화관은 약간 뒤의 중앙석이 지정석으로 되어 있고 그 외가 자유석입니다. 이런 영화관에서 자유석에 앉으려면 좋은 자리를 확보하기 위해 줄을 서서 들어가야 합니다. 그런데 요새는 모든 좌석이 지정석인 영화관이 주류입니다.

前売り예매권을 사면 당일에 가서 표를 사는 것보다 싸게 살 수 있고 또 선물을 받을 수 있는 등의 특전이 있는 경우도 있습니다. 예매권의 가격은 보통 1,300엔~1,500엔이고, 당일에 가서 표를 사는 경우는 1,800엔입니다. 다만 만 60세 이상은 1,000엔이고, 또 영화관마다 '레이디스 데이여성 관람객을 위한 날', '레이트 쇼밤늦은 시간의 상영' 등의 서비스를 이용하면 영화를 싸게 볼 수 있습니다.

23 美容院 미용실

O1 今日はどうなさいますか。

O2 どういう髪型にしたらいいか、迷っています。

O3 切り揃える程度に切ってください。

O4 短く切ってパーマをかける。

O5 パーマはゆるめにかけてください。

 단어

美容院[びよういん] 미용실, 미장원
O1 今日[きょう] 오늘
O2 髪型[かみがた] 헤어스타일, 머리 모양 迷う[まよう] 고민하다, 헤매다
O3 切り揃える[きりそろえる] 잘라서 가지런히 하다, 다듬다 程度[ていど] 정도 切る
[きる] 자르다
O4 短い[みじかい] 짧다
O5 ゆるい 느슨하다, 헐렁하다

23.mp3

O1 오늘은 어떻게 하시겠습니까?

O2 어떤 헤어스타일로 하면 좋을지 고민하고 있어요.

O3 다듬는 정도로 잘라 주세요.

O4 짧게 잘라서 파마를 한다.

O5 파마는 약간 굵게 해 주세요.

표현

02 髪型는 ヘアスタイル헤어스타일라고도 합니다.

05 ～めは '약간 ～함'이라는 뜻입니다. 예를 들어 高め[たかめ] 약간 비쌈, 약간 높음, 長め[ながめ] 약간 김와 같이 씁니다.

23 美容院 미용실

06 カラーリングしたいんですけど。

07 明るい色に染めたいんですが。

08 前髪はあまり短くなりすぎないように切って
ください。

09 こんな感じにしてもらえますか。

10 シャンプーをしますので、こちらにどうぞ。

단어

07 明るい[あかるい] 밝다 色[いろ] 색 染める[そめる] 염색하다
08 前髪[まえがみ] 앞머리 短い[みじかい] 짧다 切る[きる] 자르다
09 感じ[かんじ] 느낌, 인상

O6 컬러링하고 싶은데요.

O7 밝은 색으로 염색하고 싶은데요.

O8 앞머리는 너무 짧아지지 않게 잘라 주세요.

O9 (사진을 보여 주면서) 이런 느낌으로 해 줄 수 있어요?

1O 샴푸를 할 테니까, 이쪽으로 오세요.

표현

06·07 カラーリングする 컬러링하다와 染める 염색하다는 같은 뜻이지만, カラーリン
グ가 더 멋있게 느껴져서인지 カラーリング라는 말을 선호하는 경우가 많습
니다.

08 短くなりすぎないようには 短くなる 짧아지다에 ～すぎる 너무 ～하다, 지나치게 ～하다
와 ～ないように ～하지 않도록가 합해진 말입니다.

男 今日はどうなさいますか。

女 イメージを変えたいと思ってるんですが、どういう髪型に
したらいいか、迷ってるんです。

男 短く切ってパーマをかけるのはいかがですか。きっとお似
合いだと思いますけど。

女 そうですか。

男 (사진을 보여 주면서)こんな感じでどうかと思うんですが。

女 あ、かわいいですね。

男 前髪の長さはどうされますか。

女 あまり短くなりすぎないように切ってください。

男 はい、承知しました。

✻ 해석

남 오늘은 어떻게 하시겠습니까?

여 이미지를 바꾸고 싶은데요, 어떤 헤어스타일로 하면 좋을지 고민하고 있거든요.

남 짧게 잘라서 파마를 하시는 건 어떠세요? 분명 잘 어울리실 것 같은데요.

여 그래요?

남 (사진을 보여 주면서) 이런 느낌으로 어떨까 싶은데요.

여 아, 예쁘네요.

남 앞머리 길이는 어떻게 하시겠습니까?

여 너무 짧아지지 않게 잘라 주세요.

남 네, 알겠습니다.

✽단어

今日[きょう] 오늘 変える[かえる] 바꾸다 思う[おもう] 생각하다 髪型[かみがた] 헤어스타일, 머리 모양 迷う[まよう] 고민하다, 헤매다 短い[みじかい] 짧다 切る[きる] 자르다 似合い[にあい] 어울림 感じ[かんじ] 느낌, 인상 前髪[まえがみ] 앞머리 長さ[ながさ] 길이 承知する[しょうちする] 알다

✽표현

承知しました는 わかりました와 같은 뜻이지만, わかりました보다 딱딱한 표현이라서 좀 더 격식을 차린 느낌이 있습니다. 공손하게 말하려면 承知いたしました라고 하면 됩니다.

❖아하, 일본에서는!

美容院[びよういん]미용실과 病院[びょういん]병원

한국 사람들은 美容院과 病院의 발음 구별을 잘 못하는 경우가 많습니다. 그래서 잘못 들을 때도 많고, 말했을 때 오해를 받는 경우도 많지요. 억양에 신경 쓰면 좀 더 쉽게 구별할 수 있습니다.

美容院[びよういん]은 よ에서 가장 높은 소리가 납니다. び를 낮은 소리로 시작해서 よ에서 높은 소리를 낸 뒤, ういん은 점차 낮아지게 발음하면 됩니다. 이에 비해 病院[びょういん]은 ういん이 계속 높은 소리로 발음됩니다. 따라서 びょ를 낮은 소리로 시작해서 ういん은 높은 소리를 유지해서 발음하면 됩니다. 일본 사람이 말한다 해도 '병원'의 억양으로 '미용실'을 말하면 아무리 신경 써서 발음해도 '병원'으로 들리기 쉬워요. 억양에 신경 써서 말해 보고 들어 보세요.

4장

色々な機関
여러 가지 기관들

일본에 있으면 은행이나 우체국을 이용하는 경우도 많이 있겠죠. 또 장기간 체류할 경우에는 외국인등록과 같은 수속도 해야 하구요. 그럴 때 필요한 표현들을 여기에 모아 보았습니다. 일본에 길게 머무를 사람들에게 필요한 표현들이 많겠지만, 여행으로 며칠만 갔다 오는 사람들도 무거운 짐은 우체국에 가져가서 배편으로 보내 놓으면 가벼운 짐으로 편하게 귀국하실 수 있어요.

色々な[いろいろな] 여러, 여러 가지의 **機関[きかん]** 기관

24 銀行 은행

O1 普通預金の口座を開きたいんですが。

O2 無通帳の口座は時間外手数料がかかりません。

O3 印鑑を持っていらっしゃいましたか。

O4 持ってこなかったんですが、サインじゃだめですか。

O5 クレジットカード機能の付いたキャッシュカードです。

🌸단어

銀行[ぎんこう] 은행
01 普通預金[ふつう よきん] 보통예금 口座[こうざ] 계좌, 구좌 開く[ひらく] 열다
02 無通帳[むつうちょう] 무통장 時間外[じかんがい] 시간 외 手数料[てすうりょう] 수수료
03 印鑑[いんかん] 인감, 도장 持っていらっしゃる[もっていらっしゃる] 가져오시다
05 機能[きのう] 기능 付く[つく] 붙다, 달리다

24.mp3

O1 보통예금 계좌를 만들고 싶은데요.

O2 무통장 계좌는 시간 외 수수료가 들지 않습니다.

O3 도장을 가져오셨습니까?

O4 가져오지 않았는데, 사인으로는 안 됩니까?

O5 신용카드 기능이 들어 있는 현금카드입니다.

❀ 표현

01 참고로 '정기예금'은 定期預金[てき よきん] 줄여서 定期[てき]라고 함, '적립예금'
   은 積立預金[つみたて よきん] 줄여서 積立[つみたて]라고 함이라고 합니다. 積立는
   積み立て, 積立て로도 씁니다.
03 '도장'은 判子[はんこ]라고도 합니다. はんこ, ハンコ로도 많이 씁니다.

24 銀行 은행

06 外国に送金したいんですが。

07 両替をお願いします。

08 振り込みをされるんでしたら、ATMをご利用になったほうが、手数料が安いですよ。

09 お金を下ろそうと思ったのに、残高が足りなかった。

10 カードの暗証番号を忘れてしまった。

🌸단어

06 外国[がいこく] 외국　送金[そうきん] 송금

07 両替[りょうがえ] 환전　お願い[おねがい] 부탁

08 振り込み[ふりこみ] 이체　ATM[エーティーエム] 현금자동지급기　利用[りよう] 이용　手数料[てすうりょう] 수수료　安い[やすい] 싸다

09 お金[おかね] 돈　下ろす[おろす] 찾다, 인출하다, 내리다　思う[おもう] 생각하다　残高[ざんだか] 잔액　足りる[たりる] 족하다

10 暗証番号[あんしょう ばんごう] 비밀번호　忘れる[わすれる] 잊다

24.mp3

O6 외국으로 송금하고 싶은데요.

O7 환전을 부탁합니다.

O8 이체를 하신다면, 현금자동지급기를 이용하시는 편이 수수료가 싸요.

O9 돈을 인출하려고 했는데, 잔액이 부족했다.

1O 카드 비밀번호를 잊어버렸다.

표현

07 외국 돈으로 바꾸는 것과 지폐를 동전 등의 작은 돈으로 바꾸는 것, 둘 다 両替라고 합니다.

08 振り込みと 振込, 振込みと도 씁니다.

男 普通預金の口座を開きたいんですが。

女 身分証明書と印鑑を持っていらっしゃいましたか。

男 身分証明書はパスポートでも構いませんか。

女 はい、結構です。

男 それから、ハンコは持ってこなかったんですが、サインじゃだめですか。

女 サインでも結構です。無通帳の口座ですと、ATMを利用される時に時間外手数料がかかりませんが、どうされますか。

男 それじゃ、無通帳の口座にします。

❋ 해석

남 보통예금 계좌를 만들고 싶은데요.

여 신분증과 도장을 가져오셨습니까?

남 신분증은 여권이라도 상관없나요?

여 네, 괜찮습니다.

남 그리고 도장은 가져오지 않았는데, 사인으로는 안 되나요?

여 사인으로도 괜찮습니다. 무통장 계좌면 현금자동지급기를 이용하실 때 시간 외 수수료가 들지 않는데, 어떻게 하시겠습니까?

남 그럼, 무통장 계좌로 할게요.

✽단어

普通預金[ふつう よきん] 보통예금 口座[こうざ] 계좌, 구좌 開く[ひらく] 열다 身分証明書[みぶん しょうめいしょ] 신분증 印鑑[いんかん] 인감, 도장 持っていらっしゃる[もっていらっしゃる] 가져오시다 構わない[かまわない] 상관없다 結構な[けっこうな] 충분한, 이제 됨, 괜찮은 ハンコ 도장 無通帳[むつうちょう] 무통장 ATM[エーティーエム] 현금자동지급기 利用[りよう] 이용 時[とき] 때 時間外[じかんがい] 시간 외 手数料[てすうりょう] 수수료

❖아하, 일본에서는!

일본은 아직도 도장이 필요해요!

일본 은행은 도장이 없으면 거래가 안 되는 곳들이 많습니다. 은행뿐만이 아니라 다른 곳에서도 도장이 꼭 필요한 경우가 많습니다. 집에서 소포를 받을 때에도 도장을 찍습니다. 그럴 때 ここに判子[はんこ]を押[お]してください여기에 도장을 찍어 주세요라는 말을 듣게 됩니다. 그래서 일본에서 장기간 살 경우 도장이 없으면 난처합니다.

현금자동지급기 사용 시 필요한 용어들

お預け入れ[おあずけいれ] 입금
お引き出し[おひきだし] 인출
お振り込み[おふりこみ] 이체
金額[きんがく] 금액
残高照会[ざんだか しょうかい] 잔액 조회
通帳記帳[つうちょう きちょう] 통장 기입
暗証番号[あんしょう ばんごう] 비밀번호

25 郵便局 우체국

O1 この小包を韓国に送りたいんですが。

O2 航空便と船便と、料金がどのくらい違いますか。

O3 届くまでに何日くらいかかりますか。

O4 速達でお願いします。

O5 書留を送りたいんですが。

🌸단어

郵便局[ゆうびんきょく] 우체국
01 **小包[こづつみ]** 소포 **韓国[かんこく]** 한국 **送る[おくる]** 보내다, 부치다
02 **航空便[こうくうびん]** 항공편 **船便[ふなびん]** 배편 **料金[りょうきん]** 요금 **違う[ちがう]** 다르다
03 **届く[とどく]** 도착하다 **何日[なんにち]** 며칠
04 **速達[そくたつ]** 속달, 빠른우편 **お願い[おねがい]** 부탁
05 **書留[かきとめ]** 등기

25.mp3

O1 이 소포를 한국으로 보내고 싶은데요.

O2 항공편과 배편은 요금이 얼마나 차이가 납니까?

O3 도착할 때까지 며칠 정도 걸립니까?

O4 속달로 부탁합니다.

O5 등기를 보내고 싶은데요.

표현

02 どのくらいは どれくらい, どのぐらい, どれぐらいで 써도 됩니다.
03 何日くらいも くらいを ぐらいで 써도 됩니다. 회화에서는 ぐらい를 쓰는 경우가
더 많습니다.

25 郵便局 우체국

06 割れ物が入っているので、取扱注意でお願いします。

07 80円切手を10枚ください。

08 着払いで送れますか。

09 代引きは基本料金に代引き手数料が250円かかります。

10 留守中に不在通知が届いていたんですが。

🌸 단어

06 **割れ物[われもの]** 깨지기 쉬운 물건 **入る[はいる]** 들어가다, 들어오다 **取扱注意[とりあつかい ちゅうい]** 취급주의 **お願い[おねがい]** 부탁

07 **80円[はちじゅうえん]** 80엔 **切手[きって]** 우표 **10枚[じゅうまい]** 10장

08 **着払い[ちゃくばらい]** 착불

09 **代引き[だいびき]** 대금상환우편 **基本料金[きほん りょうきん]** 기본요금 **手数料[てすうりょう]** 수수료 **250円[にひゃく ごじゅうえん]** 250엔

10 **留守[るす]** 집에 없음, 부재 **〜中[ちゅう]** 〜중 **不在通知[ふざい つうち]** 부재통지

O6 깨지기 쉬운 것이 들어 있으니까, 취급주의로 부탁합니다.

O7 80엔짜리 우표를 10장 주세요.

O8 착불로 보낼 수 있습니까?

O9 대금상환우편은 기본요금에 대금상환수수료가 250엔 듭니다.

1O 부재중에 부재 통지가 와 있었는데요.

❀ 표현

09 代引きと 代金引換郵便[だいきん ひきかえ ゆうびん]대금상환우편의 준말로, 물건을 받을 때 배달원에게 대금을 주고 배송업체가 발송인에게 그 대금을 전달하는 시스템을 말합니다.

男 この小包を韓国に送りたいんですが。

女 中身は何ですか。

男 洋服と本とお菓子です。

女 じゃ、こちらに乗せてください。

男 航空便と船便と、料金がどのくらい違いますか。

女 航空便ですと11,850円、船便ですと5,750円です。

男 じゃ、船便でお願いします。

女 はい、わかりました。

男 届くまでに何日くらいかかりますか。

女 2週間くらいです。

✿해석

남 이 소포를 한국으로 보내고 싶은데요.
여 내용물은 뭐예요?
남 옷이랑 책이랑 과자예요.
여 그럼, 여기에 올려 주세요.
남 항공편과 배편은 요금이 얼마나 차이가 나요?
여 항공편이면 11,850엔, 배편이면 5,750엔입니다.
남 그럼, 배편으로 부탁드려요.
여 네, 알겠습니다.
남 도착할 때까지 며칠 정도 걸려요?
여 2주 정도입니다.

🔊 25회화.mp3

✴ 단어

小包[こづつみ] 소포 韓国[かんこく] 한국 送る[おくる] 보내다. 부치다 中身[なか
み] 내용물 何[なん] 무엇 洋服[ようふく] 옷 本[ほん] 책 お菓子[おかし] 과자 乗
せる[のせる] 얹다. 위에 놓다 航空便[こうくうびん] 항공편 船便[ふなびん] 배편 料
金[りょうきん] 요금 違う[ちがう] 다르다 11,850円[いちまん いっせん はっぴゃ
く ごじゅうえん] 11,850엔 5,750円[ごせん ななひゃく ごじゅうえん] 5,750엔 お
願い[おねがい] 부탁 届く[とどく] 도착하다 何日[なんにち] 며칠 2週間[にしゅう
かん] 2주(일)

✴ 표현

航空便ですと11,850円、船便ですと5,750円ですえ서 ～ですと는 ～だと로 써도
됩니다. 하지만 ～ですと를 쓰는 편이 더 공손한 표현입니다.

❖ 아하, 일본에서는!

일본의 배달 문화

일본에서는 물건이 배달될 때 집에 사람이 없으면 배달원이 우편함에 '부재 통
지'를 남기고 갑니다. '부재 통지'에 적혀 있는 전화번호로 전화를 걸면 언제쯤
다시 배달 오면 되는지를 확인하고 다시 배달해 줍니다. 참 편리하죠? 그리고
물건을 보낼 때 배달시간을 '몇 시에서 몇 시 사이'라는 식으로 선택할 수 있도
록 되어 있습니다. 집에 없는 시간이 많은 경우는 집에 있는 시간을 선택해서 보
내면 확실히 받을 수 있습니다.

26 役所 관공서

01 外国人登録をしに来ました。

02 パスポートと写真が2枚必要です。

03 ここに署名してください。

04 再入国許可を取りに来たんですが。

05 シングルですか、マルチですか。

 단어

役所[やくしょ] 관공서
01 外国人登録[がいこくじん とうろく] 외국인 등록　来ました[きました] 왔습니다
02 写真[しゃしん] 사진　2枚[にまい] 두 장　必要[ひつよう] 필요
03 署名[しょめい] 서명
04 再入国許可[さいにゅうこく きょか] 재입국 허가　取る[とる] 받다, 집다, 취하다　来た[きた] 왔다

26.mp3

O1 외국인 등록을 하러 왔습니다.

O2 여권과 사진 두 장이 필요합니다.

O3 여기에 서명해 주세요.

O4 재입국 허가를 받으러 왔는데요.

O5 단수입니까, 복수입니까?

표현

02 일상적으로는 '여권'을 パスポート라고 하지만, 관공서의 설명 등에는 旅券[りょけん]이라는 말이 쓰입니다.

03 일상적으로는 サイン이라는 말을 많이 씁니다.

05 말할 때는 보통 シングル, マルチ라고 하지만, 서류 상에서는 シングル는 一回限り[いっかい かぎり]단 1번, マルチ는 数次[すうじ]여러 번라고 씁니다.

26 役所 관공서

06 パスポートと外国人登録証を持ってきましたか。

07 在留資格の変更の手続きに来ました。

08 ビザの延長を申請しに来たんですが。

09 パスポートを無くしてしまったんですが、どうしたらいいですか。

10 引っ越しをするときには、転出届と転入届を出すのを忘れないようにしてください。

🍀 단어

06 外国人登録証[がいこくじん とうろくしょう] 외국인등록증　持ってくる[もってくる] 가져오다
07 在留資格[ざいりゅう しかく] 재류자격　変更[へんこう] 변경　手続き[てつづき] 수속　来ました[きました] 왔습니다
08 延長[えんちょう] 연장　申請[しんせい] 신청　来た[きた] 왔다
09 無くす[なくす] 분실하다, 잃어버리다

26.mp3

06 여권과 외국인등록증을 가져왔습니까?

07 재류자격 변경 수속을 하러 왔습니다.

08 비자 연장을 신청하러 왔는데요.

09 여권을 잃어버렸는데, 어떻게 하면 됩니까?

10 이사를 할 때는 전출신고와 전입신고를 내는 것을 잊지 않도록 하세요.

---

10 引っ越し[ひっこし] 이사 転出届[てんしゅつ とどけ] 전출신고 転入届[てんにゅう とどけ] 전입신고 出す[だす] 내다 忘れる[わすれる] 잊다

❀표현

08 일상적으로는 '비자'를 ビザ라고 하지만, 관공서의 설명 등에는 査証[さしょう]라는 말이 쓰입니다.

男 外国人登録をしに来ました。

女 パスポートと写真が2枚必要なんですが、持っていらっしゃいましたか。

男 はい。

女 では、こちらの書類を書いてください。

男 はい。

女 2週間後に外国人登録証明書ができますので、こちらの紙を持って取りに来てください。

男 家族が代わりに取りに来てもいいですか。

女 はい。16歳以上なら大丈夫です。

✿ 해석

남 외국인 등록을 하러 왔습니다.

여 여권과 사진 두 장이 필요한데, 가져오셨습니까?

남 네.

여 그럼, 이 서류를 써 주세요.

남 네.

여 2주 후에 외국인등록증명서가 나오니까, 이 종이를 가지고 받으러 오세요.

남 가족이 대신 받으러 와도 됩니까?

여 네. 16세 이상이면 괜찮습니다.

✽ 단어

外国人登録[がいこくじん とうろく] 외국인 등록　来ました[きました] 왔습니다　写真 [しゃしん] 사진　2枚[にまい] 두 장　必要[ひつよう] 필요　持っていらっしゃる[もっ ていらっしゃる] 가져오시다　書類[しょるい] 서류　書く[かく] 쓰다　2週間[にしゅう かん] 2주(일)　〜後[ご] 〜후　証明書[しょうめいしょ] 증명서　紙[かみ] 종이　持つ[も つ] 가지다, 들다　取る[とる] 받다, 집다, 취하다　来て[きて] 오고, 와서　家族[かぞく] 가 족　代わりに[かわりに] 대신에　16歳[じゅうろくさい] 16세　以上[いじょう] 이상　大 丈夫な[だいじょうぶな] 괜찮은

❖ 아하, 일본에서는!

일본의 입국관리국

한국의 '출입국관리사무소'에 해당되는 곳이 일본의 入国管理局[にゅうこく かんりきょく]입국관리국라는 곳입니다. 줄여서 入管[にゅうかん]이라고 해 요. 외국인 등록은 거주하는 지역의 시청/구청 등에서 하게 되고, 비자 연장이 나 재류자격 변경 등은 入管에서 하게 됩니다. 한국 사람들이 일본 사람들은 매 우 친절한 걸로 알죠? 전체적으로 보면 친절한 경우가 많지요. 그런데 入管의 직원들은 불친절하다고 합니다. 저는 직접 가 본 적이 없지만 가 본 친구들 말 에 의하면 매우 기분이 나쁘답니다. 가실 일이 있으면 직원들이 불친절하다는 걸 각오하고 가세요.

이사할 때 '전출신고'도 필요해요!

한국에서는 이사할 때 새로운 주소지에서 '전입신고'만 하면 되지만, 일본에서는 떠나는 지역에서 '전출신고'도 하고 새로운 지역에서 '전입신고'도 해야 합니다. 좀 번거롭죠. 만약 행정 구분이 같은 지역 안에서 이사할 경우는 転居届[てん きょとどけ]전거신고만 내면 됩니다.

5장

結婚式と葬式
결혼식과 장례식

친한 일본사람들이 생기게 되면 결혼식이나 장례식에 갈 기회가 생길 수도 있을 겁니다. 그런 자리에서는 실수를 하면 안 되겠죠? 흔히 있는 상황은 아니지만 적절한 예의를 갖추어야 하고 실수를 하면 안 되는 자리이기 때문에 그런 자리에서 쓰이는 표현들을 한번 정리해 보았습니다.

結婚式[けっこんしき] 결혼식 **葬式[そうしき]** 장례식

27 結婚式 결혼식

01 仲人は誰に頼んだらいいだろう。

02 結婚式に行くとき、女の人は白い服を着てはいけない。

03 本日はおめでとうございます。

04 ご結婚おめでとうございます。

05 末長くお幸せに。

🌸 단어

結婚式[けっこんしき] 결혼식
01 仲人[なこうど] 중매인 誰[だれ] 누구 頼む[たのむ] 부탁하다, 의뢰하다
02 行く[いく] 가다 女の人[おんなのひと] 여자 白い[しろい] 하얗다 服[ふく] 옷
　　着る[きる] 입다
03 本日[ほんじつ] 오늘, 금일
04 結婚[けっこん] 결혼
05 末長く[すえながく] 오래도록, 길이 幸せ[しあわせ] 행복

01 중매인은 누구에게 부탁하면 될까.

02 결혼식에 갈 때, 여자는 흰색 옷을 입어서는 안 된다.

03 오늘은 축하드립니다.

04 결혼 축하드립니다.

05 오래도록 행복하시길.

표현

01 일본에서는 결혼식 때 仲人를 세우는 사람들이 많습니다. 옛날에는 양가를 연결해
주는 역할을 했지만 지금은 결혼식 때만 형식적으로 세우는 경우가 많습니다.

02 흰색은 신부의 것이기 때문에 결혼식에 흰색 옷을 입고 가면 안 됩니다.

03 本日는 今日[きょう]보다 딱딱한 말로, 격식을 차려서 말하는 경우에 씁니다.

04 접수대에서는 축의금을 건네면서 本日はおめでとうございます라고 하고, 결혼하
는 당사자에게는 ご結婚おめでとうございます라고 합니다. 반말은 結婚おめで
とう입니다.

05 末長く는 한자를 末永く로도 씁니다. 末長いお幸せをお祈[いの]り致[いた]しま
す 오래도록 행복하시길 기도드립니다라고 길게 말해도 됩니다.

27 結婚式 결혼식

06 ウエディングドレスがとてもきれい。

07 最近は打ち掛けを着る人は少ない。

08 お似合いのカップルだね。

09 新郎新婦が入場します。皆さん拍手でお迎え
ください。

10 次は指輪の交換です。

🌸 단어

07 最近[さいきん] 최근, 요즘 打ち掛け[うちかけ] 일본 전통 혼례복 着る[きる] 입다
人[ひと] 사람 少ない[すくない] 적다
08 似合い[にあい] 어울림
09 新郎[しんろう] 신랑 新婦[しんぷ] 신부 入場[にゅうじょう] 입장 皆さん[みな
さん] 여러분 拍手[はくしゅ] 박수 迎える[むかえる] 맞이하다
10 次[つぎ] 이번, 다음 指輪[ゆびわ] 반지 交換[こうかん] 교환

27.mp3

O6 웨딩드레스가 무척 예뻐.

O7 요즘은 일본 전통 혼례복을 입는 사람은 적다.

O8 잘 어울리는 커플이네.

O9 신랑 신부가 입장하겠습니다. 모두들 박수로 맞이해 주십시오.

1O 이번에는 반지 교환입니다.

표현

07 打ち掛けは 打掛로도 씁니다.

27 結婚式 결혼식

11 披露宴では色々な人がスピーチをしたり、祝電が読まれたりする。

12 美奈、玉の輿だって。

13 デキちゃった結婚らしいよ。

14 お色直しを3回もするのは多すぎる。

15 新婚旅行はどこに行くの？

🌸 단어

11 披露宴[ひろうえん] 피로연 色々な[いろいろな] 여러, 여러 가지의 人[ひと] 사람
祝電[しゅくでん] 축전 読む[よむ] 읽다
12 玉の輿[たまのこし] 부귀한 집에 시집을 감
13 デキる 생기다, 할 수 있다 結婚[けっこん] 결혼
14 色直し[いろなおし] 신부가 피로연 때 옷을 갈아입는 것 3回[さんかい] 세 번 多
い[おおい] 많다
15 新婚旅行[しんこん りょこう] 신혼여행 行く[いく] 가다

27.mp3

11 피로연에서는 여러 사람들이 스피치를 하거나 축전을 읽는다.

12 みな, 부잣집에 시집간대.

13 아이를 가져서 결혼하는 모양이야.

14 おいろなおし를 세 번씩이나 하는 것은 너무 많다.

15 신혼여행은 어디로 가는 거야?

✿ 표현

12 玉の輿는 玉の輿に乗[の]る 옥가마를 타다의 준말입니다. 거꾸로 남자가 부잣집 여자에게 장가가는 경우는 속어로 逆玉[ぎゃくたま]라고 합니다. 〜って는 '〜래'의 뜻입니다.

13 원래는 できちゃった 생겨 버렸다로 쓰는데, 가타카나로 쓰는 경우가 꽤 있습니다. 가타카나로 쓰면 특별한 느낌을 주는 효과도 있고 말을 가볍게 하는 효과도 있습니다.

27 結婚式 결혼식

16 あの二人、出会い系サイトで知り合ったそうだよ。

17 寿退社かぁ。うらやましい！

18 引き出物はカタログギフトにすると楽だ。

19 最近は結婚式の前に入籍する人が多い。

20 結婚式続きで、ご祝儀がきつい。

🌸 단어

16 二人[ふたり] 두 사람, 두 명　出会い系サイト[であいけいサイト] 만남 사이트　知り合う[しりあう] 서로 알게 되다
17 寿退社[ことぶき たいしゃ] 여직원이 결혼을 이유로 퇴직하는 것　うらやましい 부럽다
18 引き出物[ひきでもの] (결혼식 때 손님들에게 주는)답례품　楽な[らくな] 편한
19 最近[さいきん] 최근, 요즘　結婚式[けっこんしき] 결혼식　前[まえ] 전, 앞　入籍[にゅうせき] 입적　人[ひと] 사람　多い[おおい] 많다
20 ～続き[つづき] ~ 연속, 계속 ~　祝儀[しゅうぎ] 축의금, 축의

16 저 두 사람, 만남 사이트에서 서로 알게 되었대.

17 결혼퇴직이구나. 부러워!

18 결혼식 답례품은 카탈로그 기프트로 하면 편하다.

19 요즘은 결혼식 전에 입적하는 사람이 많다.

20 계속 결혼식이 있어서 축의금 내기가 버겁다.

❀ 표현

18 カタログギフト라는 것은 선물을 받을 사람이 받은 카탈로그 안에서 자기가 받고 싶은 선물을 직접 골라서 받는 선물을 말합니다.

회화로 익히기

男 結婚おめでとう。

女 ありがとう。

男 二人、お似合いのカップルだね。

女 そう?そう言ってもらえてうれしい。

男 新婚旅行はどこに行くの?

女 オーストラリア。

男 いいなあ。うらやましいよ。末長くお幸せに。

女 どうもありがとう。

✲해석

남 결혼 축하해.
여 고마워.
남 두 사람, 잘 어울리는 커플이네.
여 그래? 그렇게 말해 줘서 기뻐.
남 신혼여행은 어디로 가는 거야?
여 호주야.
남 좋겠다. 부러워. 오래도록 행복하길.
여 정말 고마워.

✽ 단어

結婚[けっこん] 결혼　二人[ふたり] 두 사람, 두 명　似合い[にあい] 어울림　言う[いう]
말하다　新婚旅行[しんこん りょこう] 신혼여행　行く[いく] 가다　末長く[すえながく]
오래도록, 길이　幸せ[しあわせ] 행복

❖ 아하, 일본에서는!

일본의 결혼식에 대한 상식

일본의 결혼식은 초대장을 받고 그 초대장에 '출석하겠다'는 답장을 보내지 않
은 사람은 가지 못합니다. 손님마다 자리가 정해져 있고, 보통 피로연을 하는 동
안 코스요리가 나오기 때문에 초대를 받지 못한 사람은 가도 자리가 없습니다.

일본의 결혼식 축의금은 친구인 경우에는 보통 30,000엔 정도 내고, 형제인 경
우에는 100,000엔 정도 냅니다. 너무 비싸서 놀라셨죠? 그런데 결혼식 때 한
사람씩 제대로 된 코스요리가 나오고 답례품5,000엔 정도도 받기 때문에 그 정
도 액수는 내야 결혼하는 사람들 손에 돈이 남지, 안 그러면 적자입니다. 그리
고 축의금용 봉투매우 화려한 봉투가 따로 있으니 문방구에서 구입하여 그 봉투로
내야 해요. 한국처럼 결혼식장 접수대에서 봉투를 준비해 주는 일은 없습니다.

お色直し라고 나왔는데, 일본 결혼식에서는 신부가 여러 번 옷을 갈아입고 나
옵니다. 일본 전통 혼례복을 입는 경우는 白無垢[しろむく]라는 흰색 기모노
를 입은 뒤에 打ち掛け[うちかけ]라는 기모노를 입고, 그 다음에 웨딩드레스
를 입는 것이 일반적입니다. 웨딩드레스를 입고 결혼식을 할 때는 웨딩드레스 다
음에 색깔이 있는 드레스로 갈아입는 것이 일반적이지요. 신랑은 한 번 정도 갈
아입기도 하고 아예 갈아입지 않는 경우도 있습니다.

28 葬式 장례식

O1 心からお悔やみ申し上げます。

O2 ご冥福をお祈りします。

O3 お通夜はたいてい午後6時か7時頃に始まって、1、2時間で終わる。

O4 故人とそれほど親しくない場合は告別式だけ参列すればいいです。

O5 香典は家族や親戚じゃなければ5,000円でいい。

🌸 단어

葬式[そうしき] 장례식
01 心[こころ] 마음 悔やみ[くやみ] 조의, 문상 申し上げる[もうしあげる] 말씀드리다
02 冥福[めいふく] 명복 祈る[いのる] 빌다, 기도하다
03 通夜[つや] 유해를 지키며 하룻밤을 새는 것 たいてい 대개, 대체로 午後[ごご] 오후
　　6時[ろくじ] 6시 7時[しちじ] 7시 ~頃[ごろ] ~경, ~쯤 始まる[はじまる] 시작
　　되다 1、2時間[いちにじかん] 한두 시간 終わる[おわる] 끝나다
04 故人[こじん] 고인 それほど 그리, 그다지 親しい[したしい] 친하다 場合[ばあい]

28.mp3

01 진심으로 조의를 표합니다.

02 명복을 빕니다.

03 おつやは 대개 오후 6시나 7시쯤에 시작되어, 한두 시간이면 끝난다.

04 고인과 그리 친하지 않은 경우는 영결식만 참례하면 됩니다.

05 부의는 가족이나 친척이 아니면 5,000엔이면 된다.

경우 告別式[こくべつしき] 영결식, 고별식 参列[さんれつ] 참례, 참렬
05 香典[こうでん] 부의, 향전 家族[かぞく] 가족 親戚[しんせき] 친척 5,000円
[ごせんえん] 5,000엔

❀ **표현**

01 悔やみは 悔みでも 씁니다.
02 御愁傷様[ごしゅうしょうさま]です 마음이 참 아프시겠습니다라는 표현도 있습니다.

28 葬式 장례식

O6 ご焼香の回数は宗派によって違います。

O7 日本では火葬が一般的だ。

O8 お葬式に行かなければならないのに、黒い服がなくて困りました。

O9 葬式から帰ったときは、家に入る前に塩を振る。

1O 四十九日までに一度お線香をあげに行ってくるつもりです。

🌸단어

06 焼香[しょうこう] 분향, 소향　回数[かいすう] 횟수　宗派[しゅうは] 종파　違う[ちがう] 다르다, 틀리다

07 日本[にほん] 일본　火葬[かそう] 화장　一般的[いっぱんてき] 일반적

08 葬式[そうしき] 장례식　行く[いく] 가다　黒い[くろい] 검다, 까맣다　服[ふく] 옷　困る[こまる] 난처하다, 곤란하다

09 帰る[かえる] 돌아가다, 돌아오다　家[いえ] 집　入る[はいる] 들어가다, 들어오다　前[まえ] 전, 앞　塩[しお] 소금　振る[ふる] 뿌리다, 흔들다

06 분향 횟수는 종파에 따라 다릅니다.

07 일본에서는 화장이 일반적이다.

08 장례식에 가야 하는데, 검은 옷이 없어서 난처했습니다.

09 장례식에서 돌아왔을 때는, 집으로 들어가기 전에 소금을 뿌린다.

10 사십구재까지 한번 분향하러 갔다 올 생각입니다.

10 四十九日[しじゅうくにち] 사십구재 一度[いちど] 한 번 線香[せんこう] 선향

🌸 표현

06 ～によっては '～에 따라서'라는 뜻입니다.

男 知り合いが亡くなったんですが、お通夜と告別式とどちら
　 に行けばいいんですか。

女 それほど親しくない場合は告別式だけ参列すればいいん
　 ですよ。

男 両方行っても構わないんですか。

女 親しい方だったなら、両方行っても大丈夫ですよ。

男 お通夜は普通何時間くらいしますか。

女 たいてい午後6時か7時頃に始まって、1、2時間で終わり
　 ます。

男 お香典はいくらくらい包んだらいいんですか。

女 5,000円で大丈夫ですよ。それから、家に帰ったとき、入る
　 前に塩を振るのを忘れないようにしたほうがいいですよ。

✻ 해석

남 아는 사람이 돌아가셨는데, 오츠야와 영결식 중 어느 쪽에 가면 되는 건가요?

여 그리 친하지 않은 경우는 영결식만 참례하면 돼요.

남 양쪽 모두 가도 상관없는 건가요?

여 친한 분이셨다면 양쪽 모두 가도 괜찮아요.

남 오츠야는 보통 몇 시간 정도 하나요?

여 대개 오후 6시나 7시쯤에 시작되어, 한두 시간이면 끝나요.

남 부의는 얼마 정도 넣으면 되나요?

여 5,000엔이면 돼요. 그리고 집으로 돌아왔을 때, 들어가기 전에 소금을 뿌리는 것을 잊지 않도록
　 하는 편이 좋아요.

✱단어

知り合い[しりあい] 아는 사람 亡くなる[なくなる] 돌아가시다 通夜[つや] 장례식 때 죽은 사람의 유해를 지키며 하룻밤을 새는 것 告別式[こくべつしき] 영결식, 고별식 行く[いく] 가다 親しい[したしい] 친하다 場合[ばあい] 경우 参列[さんれつ] 참례, 참렬 両方[りょうほう] 양쪽, 둘 다 構わない[かまわない] 상관없다 方[かた] 분 大丈夫な[だいじょうぶな] 괜찮은 普通[ふつう] 보통 何時間[なんじかん] 몇 시간 午後[ごご] 오후 6時[ろくじ] 6시 7時[しちじ] 7시 〜頃[ごろ] 〜경, 〜쯤 始まる[はじまる] 시작되다 1、2時間[いちにじかん] 한두 시간 終わる[おわる] 끝나다 香典[こうでん] 부의 包む[つつむ] 싸다, 돈을 봉투에 넣어 주다 5,000円[ごせんえん] 5,000엔 家[いえ] 집 帰る[かえる] 돌아가다, 돌아오다 入る[はいる] 들어가다, 들어오다 前[まえ] 전, 앞 塩[しお] 소금 振る[ふる] 뿌리다, 흔들다 忘れる[わすれる] 잊다, 깜빡하다

❖아하, 일본에서는!

일본의 장례식에 대한 상식

일본의 장례식은 첫날 저녁에 通夜를 하고, 그 다음 날에 告別式를 하고 발인을 합니다. 通夜는 원래 친한 사람들이 지내는 것이어서 고인과 그리 친하지 않으면 告別式만 참례하면 되는데, 告別式는 보통 오전에 하기 때문에 직장인들은 참례하기 어려운 경우가 많아 요새는 通夜만 참례하는 사람도 많다고 합니다. 고인과 친하다면 둘 다 참례해도 되지요. 원래 通夜는 밤을 새는 거였는데, 요새는 半通夜[はんつや]라고 해서 오후 7시나 8시쯤에 끝내는 경우가 일반적입니다.

부의는 보통 5,000엔이면 되는데, 부의를 넣는 봉투가 따로 있습니다. 장례식에 갈 때는 미리 문방구에 가서 봉투를 사야 합니다. 그리고 염주를 꼭 가져가야 합니다. 없을 때는 빌려서라도 가져 가는 것이 좋습니다. 도저히 구하지 못한 경우에는 없이 가세요. 고인을 위해 기도해 주는 마음이 더 중요한 거니까요.

6장 その他 기타

앞에서 소개해 드린 것들 외에 몇 가지 상황들에 관한 표현을 모아 보았습니다. 장기간 체류하는 사람이든 여행으로 가는 사람이든 PC방을 이용하려는 경우가 꽤 있을 것 같죠? 또 길게 머무를 사람은 살 곳을 구해야 하겠죠. 아르바이트를 하고 싶을 수도 있구요. 그래서 그런 상황에서 쓸 만한 표현들을 소개해 드리고자 합니다.

その他[そのた] 기타

29 ネットカフェ PC방

01 初めてで、利用方法がよくわからないんですけど。

02 身分証明書をお願いします。

03 こちらが会員証です。

04 オープン席と個室とどちらがよろしいですか。

05 何時間利用されますか。

🌸단어

ネットカフェ는 줄여서 ネカフェ라고 합니다.
01 初めて[はじめて] 처음, 치음으로 利用方法[りよう ほうほう] 이용방법
02 身分証明書[みぶん しょうめいしょ] 신분증 お願い[おねがい] 부탁
03 会員証[かいいんしょう] 회원증
04 オープン席[オープンせき] 오픈석, 개방된 자리 個室[こしつ] 개인실, 독방
05 何時間[なんじかん] 몇 시간

29.mp3

01 처음이라서 이용방법을 잘 모르겠는데요.

02 신분증을 보여 주세요.

03 이것이 회원증입니다.

04 오픈석과 개인실 중 어느 쪽이 좋으십니까?

05 몇 시간 이용하시겠습니까?

✿ 표현

02 직역하면 '신분증을 부탁합니다'가 됩니다. 일본의 PC방은 신분증이 필요한 곳이 대부분입니다.

29 ネットカフェ PC방

06 長い時間利用されるんでしたら、パック料金
がお得ですよ。

07 ドリンクは飲み放題になっています。

08 ネットカフェではテレビやDVDも見られる。

09 シャワーも無料で利用できるが、タオルやシ
ャンプーは有料になっている。

10 漫画の量はネットカフェより漫画喫茶の方が
多い。

❀ 단어

06 長い[ながい] 길다　時間[じかん] 시간　利用[りよう] 이용　パック料金[パックり
　ょうきん] 패키지요금　得[とく] 이득, 유리함
07 飲む[のむ] 마시다　～放題[ほうだい] 마음대로 ～함, 하고 싶은 대로 ～함
08 見る[みる] 보다　DVD[ディーブイディー] DVD
09 無料[むりょう] 무료　有料[ゆうりょう] 유료
10 漫画[まんが] 만화책, 만화　量[りょう] 양　漫画喫茶[まんが きっさ] 만화 커피숍
　～の方が[のほうが] ～가 더　多い[おおい] 많다

29.mp3

06 장시간 이용하신다면, 패키지요금이 이득이에요.

07 마실 것은 자유롭게 마실 수 있습니다.

08 PC방에서는 TV나 DVD도 볼 수 있다.

09 샤워도 무료로 이용할 수 있지만, 수건이나 샴푸는 유료로 되어 있다.

10 만화책 양은 PC방보다 만화 커피숍이 더 많다.

🌸 표현

07 ドリンク는 영어 drink를 그대로 쓴 말로, 일상적으로 많이 씁니다.

女 いらっしゃいませ。

男 初めてで、利用方法がよくわからないんですけど。

女 会員証をお作りしますので、身分証明書をお願いします。

男 はい。

女 こちらが会員証です。オープン席と個室とどちらがよろしいですか。

男 個室でお願いします。

女 何時間利用されますか。

男 2時間です。

女 こちらの番号のお部屋をご利用ください。ドリンクは飲み放題になっておりますので、ご自由にどうぞ。

✽해석

여 어서 오십시오.

남 처음이라서 이용방법을 잘 모르겠는데요.

여 회원증을 만들어 드릴 테니까, 신분증을 보여 주세요.

남 네.

여 이것이 회원증입니다. 오픈석과 개인실 중 어느 쪽이 좋으십니까?

남 개인실로 부탁합니다.

여 몇 시간 이용하시겠습니까?

남 두 시간입니다.

여 이 번호의 방을 이용해 주십시오. 마실 것은 자유롭게 마실 수 있으니까 마음껏 드십시오.

✽ 단어

初めて[はじめて] 처음, 처음으로　利用方法[りよう ほうほう] 이용방법　会員証[かいいんしょう] 회원증　作る[つくる] 만들다　身分証明書[みぶん しょうめいしょ] 신분증　お願い[おねがい] 부탁　オープン席[オープンせき] 오픈석(개방된 자리)　個室[こしつ] 개인실, 독방　何時間[なんじかん] 몇 시간　利用[りよう] 이용　2時間[にじかん] 두 시간　番号[ばんごう] 번호　部屋[へや] 방　飲む[のむ] 마시다　～放題[ほうだい] 마음대로 ～함, 하고 싶은 대로 ～함　自由に[じゆうに] 자유롭게

❖ 아하, 일본에서는!

일본의 PC방 사정

일본의 PC방은 PC만 있는 것이 아니라, 대부분 만화책, TV, DVD, 신문 등도 갖추어져 있습니다. 샤워시설이 있는 곳도 많고 간단한 식사도 할 수 있습니다. 그래서 막차를 놓친 직장인들이 호텔 대신으로 이용하는 경우도 꽤 있다고 합니다. 호텔에 묵는 것보다 훨씬 저렴하게 하룻밤을 보낼 수 있기 때문이지요. 일본에서 PC방에 가실 때는 여권 등의 신분증을 꼭 챙겨 가세요. 신분증이 필요한 곳이 대부분입니다.

현재 사회문제의 하나로 떠오르고 있는 것이 ネットカフェ難民[なんみん] PC방 난민입니다. 줄여서 ネカフェ難民이라고 하는데, 살 곳이 없는 홈리스들 중 PC방에서 지내는 사람들을 말합니다. PC방은 저렴한 가격에 밤을 보낼 수 있고, 샤워시설까지 있어서 돈을 들이지 않고 살기에 딱이기 때문이지요. PC방 난민의 대부분이 날품팔이 노동자들로, 남자가 60%, 여자가 40% 정도라고 합니다.

30 クリーニング屋 세탁소

01 ここにシミがあるんですけど。

02 シミが落ちてないんですが。

03 仕上がりはいつですか。

04 コートが虫に食われてしまったんですが、直りますか。

05 この上着は水洗いしても大丈夫でしょうか。

🌸 단어

クリーニング屋[クリーニングや] 세탁소
01 シミ 얼룩
02 落ちる[おちる] 떨어지다
03 仕上がり[しあがり] 완성, 마무리
04 虫[むし] 벌레　食う[くう] (벌레 등이)먹다, 먹다(食[た]べるよ다 거친 말)　直る[なおる] 고쳐지다
05 上着[うわぎ] 윗도리, 상의　水洗い[みずあらい] 물세탁, 물로 빨다　大丈夫な[だいじょうぶな] 괜찮은

30.mp3

O1 여기에 얼룩이 있는데요.

O2 얼룩이 지워지지 않았는데요.

O3 언제 되나요?

O4 코트를 벌레가 쓸어 버렸는데, 고쳐지나요?

O5 이 윗도리는 물세탁해도 괜찮을까요?

❀ 표현

01 シミ는 한자로 染み라고 쓰는데, 가타카나로 쓰는 경우가 더 많습니다.

30 クリーニング屋 세탁소

06 それはドライクリーニングした方がいいと思いますよ。

07 アイロンがけだけお願いしたいんですが。

08 ここが破れてしまったんです。

09 サイズ直しもしていただけるんですか。

10 家まで配達してもらえますか。

❀ 단어

06 ～方が[ほうが] ～편이 思う[おもう] 생각하다
07 アイロンがけ 다리미질 お願い[おねがい] 부탁
08 破れる[やぶれる] 찢어지다
09 直し[なおし] 고침, 수선
10 家[いえ] 집 配達[はいたつ] 배달

30.mp3

O6 그것은 드라이클리닝하는 편이 좋을 거예요.

O7 다리미질만 부탁하고 싶은데요.

O8 여기가 찢어져 버렸거든요.

O9 사이즈도 고쳐 주실 수 있는 건가요?

1O 집까지 배달해 줄 수 있나요?

🌸 **표현**

06 직역하면 '그것은 드라이클리닝 하는 편이 좋다고 생각합니다'가 됩니다.

女 これ、この前クリーニングしていただいた物なんですが。

男 はい。

女 シミが落ちてないんですが。

男 あ、そうですか。どうも申し訳ありません。もう一度クリーニング致します。

女 それから、この洋服、ここが破れてしまったんですが、直していただけますか。

男 はい、承知しました。

女 仕上がりはいつですか。

男 明後日になりますが、よろしいですか。

女 はい。家まで配達してもらえますか。

男 はい。じゃ、ご住所とお電話番号をこちらにお願いします。

✽해석

여 이것, 지난번에 세탁해 주신 건데요.

남 네.

여 얼룩이 지워지지 않았는데요.

남 아, 그래요? 대단히 죄송합니다. 다시 한 번 세탁해 드리겠습니다.

여 그리고 이 옷, 여기가 찢어져 버렸는데요, 고쳐 주시겠어요?

남 네, 알겠습니다.

여 언제 되나요?

남 모레에 되는데, 괜찮으세요?

여 네. 집까지 배달해 줄 수 있나요?

남 네. 그럼, 수소와 선화번호를 여기에 써 수세요.

30 회화.mp3

✲단어

この前[このまえ] 지난번, 요전　物[もの] 것, 물건　落ちる[おちる] 떨어지다　申し訳ない[もうしわけない] 죄송하다, 면목 없다　もう一度[もういちど] 다시 한 번　致す[いたす] 하다(する의 공손한 말)　洋服[ようふく] 옷　破れる[やぶれる] 찢어지다　直す[なおす] 고치다　承知する[しょうちする] 알다　仕上がり[しあがり] 완성, 마무리　明後日[あさって] 모레　家[いえ] 집　配達[はいたつ] 배달　住所[じゅうしょ] 주소　電話番号[でんわ ばんごう] 전화번호　お願い[おねがい] 부탁

✲표현

明後日는 みょうごにち라고도 읽는데, 매우 딱딱한 말투라서 격식을 차리는 경우에만 씁니다.

❖아하, 일본에서는!

일본의 세탁소 서비스

회수, 배달 서비스는 한국의 세탁소에서도 다 하는 서비스죠. 그런데 한국에서는 아파트의 경우 '세탁~, 세탁~' 하면서 세탁소 사람이 다니더라구요. 처음에 깜짝 놀랐어요. 일본에서는 그런 일이 없습니다. 회수, 배달할 때 요일과 시간을 정할 수 있는 세탁소도 꽤 많습니다.

그리고 ポイントカード포인트 적립카드를 하는 세탁소가 무척 많습니다. 세탁소뿐만이 아니라 손님들을 상대로 하는 업체라면 안 하는 곳이 더 적다고 할 만한 서비스죠. 손님의 생일 한 달 전에 엽서를 보내서 '이 엽서를 가져오면 ~% 할인'이라는 식의 서비스도 세탁소뿐이 아니라 여러 곳에서 하는 서비스입니다. 직장인과 같이 집에 있는 시간이 많지 않은 사람을 위해 편의점에 맡길 수 있는 서비스를 하는 세탁소도 있습니다. 또 비 오는 날에 빨래를 맡기면 할인해 주는 雨の日サービス비 오는 날 서비스를 하는 세탁소도 있고, 빨래를 맡긴 바로 다음 날 직접 찾으러 가면 할인해 주는 세탁소도 있습니다.

31 レンタルショップ 렌털숍

01 DVD、借りていかない?

02 泣ける映画が見たい。

03 この映画、見たいと思ってたんだ。

04 CDも借りていっていい?

05 最近の流行りの歌がわからなくて…。

🍀단어

01 DVD[ディーブイディー] DVD　借りる[かりる] 빌리다
02 泣ける[なける] 울 수 있다, 눈물이 나올 만큼 감동적이다　映画[えいが] 영화　見る
　　[みる] 보다
03 思う[おもう] 생각하다
04 CD[シーディー] CD
05 最近[さいきん] 최근, 요즘　流行り[はやり] 유행, 유행하는 것　歌[うた] 노래

31.mp3

O1 DVD 빌려 가지 않을래?

O2 눈물이 나는 영화가 보고 싶어.

O3 이 영화, 보고 싶었거든.

O4 CD도 빌려 가도 돼?

O5 요즘 유행하는 노래를 몰라서….

🌸 표현

03 직역하면 '이 영화, 보고 싶다고 생각하고 있었거든'이 됩니다.

31 レンタルショップ 렌털숍

06 ここに並んでるのが人気のあるCDみたいだよ。

07 レンタル料はおいくらですか。

08 DVDは1泊2日で320円、7泊8日で370円です。

09 返すのが遅れた場合はどうなりますか。

10 1日210円いただくことになっております。

단어

06 並ぶ[ならぶ] 줄서다, 나란히 서다 人気[にんき] 인기 CD[シーディー] CD
07 ~料[りょう] ~요금
08 DVD[ディーブイディー] DVD 1泊[いっぱく] 1박 2日[ふつか] 2일 320円[さんびゃく にじゅうえん] 320엔 7泊[ななはく] 7박 8日[ようか] 8일 370円[さんびゃく ななじゅうえん] 370엔
09 返す[かえす] 반납하다, 돌려주다 遅れる[おくれる] 늦다 場合[ばあい] 경우
10 1日[いちにち] 하루 210円[にひゃく じゅうえん] 210엔

06 여기에 진열되어 있는 것이 인기 있는 CD 같아.

07 렌털요금은 얼마입니까?

08 DVD는 1박 2일에 320엔, 7박 8일에 370엔입니다.

09 반납이 늦은 경우는 어떻게 됩니까?

10 하루 210엔 받게 되어 있습니다.

 표현

09 返すの는 '반납하는 것'이라는 뜻입니다.

女 DVD、借りていかない？

男 うん、いいね。どんな映画が見たい？

女 泣けるのが見たい。

男 じゃ、これ見る？これ、かなり泣けるらしいよ。

女 この映画、見たいと思ってたんだ。

男 じゃ、これ借りよう。

女 CDも借りていっていい？最近の流行りの歌がわからなくて…。

男 いいよ。ここに並んでるのが人気のあるCDみたいだよ。

女 じゃ、一番人気のあるのから3枚借りていく。

✻ 해석

여 DVD 빌려 가지 않을래?

남 응. 좋아. 어떤 영화가 보고 싶어?

여 눈물이 나는 것이 보고 싶어.

남 그럼. 이거 볼래? 이것, 꽤 감동적이라던데.

여 이 영화, 보고 싶었던 거야.

남 그럼. 이거 빌리자.

여 CD도 빌려 가도 돼? 요즘 유행하는 노래를 몰라서….

남 좋아. 여기에 진열되어 있는 것이 인기 있는 CD 같아.

여 그럼. 가장 인기 있는 것부터 세 장 빌려 갈래.

✽단어

DVD[ディーブイディー] DVD　借りる[かりる] 빌리다　映画[えいが] 영화　見る[みる] 보다　泣ける[なける] 울 수 있다, 눈물이 나올 만큼 감동적이다　思う[おもう] 생각하다　CD[シーディー] CD　最近[さいきん] 최근, 요즘　流行り[はやり] 유행, 유행하는 것　歌[うた] 노래　並ぶ[ならぶ] 줄서다, 나란히 서다　人気[にんき] 인기　一番[いちばん] 가장, 제일　3枚[さんまい] 세 장

❖아하, 일본에서는!

영화의 여러 가지 장르

アクション 액션

ドラマ 드라마

ホラー 호러(공포)

恋愛[れんあい] 연애

成人[せいじん] 성인

アニメーション 애니메이션

SF(ファンタジー) SF(판타지)

コメディ(コメディー) 코미디

サスペンス(ミステリー) 서스펜스(미스터리)

ドキュメント(ドキュメンタリー) 다큐멘트(다큐멘터리)

32 部屋探し 방 구하기

O1 この近くで部屋を探しているんですが、どこか いい所はありますか。

O2 一人暮らしです。

O3 二人なので、2DKくらいのアパートを探して います。

O4 どんな間取りですか。

O5 部屋は一つが和室で、一つが洋室です。

🌸 단어

部屋[へや] 방 探し[さがし] 찾기, 구하기
01 近く[ちかく] 근처, 가까이 探す[さがす] 찾다 所[ところ] 곳
02 一人暮らし[ひとり ぐらし] 혼자 삶, 독신생활
03 二人[ふたり] 두 명, 두 사람 2DK[にディーケー] 2DK
04 間取り[まどり] 방의 배치
05 一つ[ひとつ] 하나 和室[わしつ] 일본식 다다미방 洋室[ようしつ] 마루방

32.mp3

O1 이 근처에서 방을 찾고 있는데요, 어디 좋은 곳이 있습니까?

O2 혼자 삽니다.

O3 두 명이라서, 방 두 개에 식당 겸 주방이 있는 정도의 연립주택을 찾고 있습니다.

O4 방 배치가 어떻게 됩니까?

O5 방은 하나가 일본식 다다미방이고, 하나가 마루방입니다.

표현

01 どこかいい所はありますか는 직역하면 '어딘가 좋은 곳은 있습니까?'가 됩니다.
02 一人暮らし는 独り暮らし로도 씁니다.
03 2DK는 に를 약간 길게 발음해서 にーディーケー와 같이 발음합니다.
04 직역하면 '어떤 방 배치입니까?'가 됩니다.

32 部屋探し 방 구하기

06 和室とは畳の部屋です。

07 ペットは飼えますか。

08 家賃はいくらですか。

09 外国人が部屋を借りるときは保証人が必要
です。

10 駅から近くて、日当たりがよくて、家賃が安い
所はなかなかない。

❀단어

06 和室[わしつ] 일본식 다다미방　畳[たたみ] 다다미(속에 짚을 넣은 두꺼운 돗자리)　部
屋[へや] 방
07 飼う[かう] 기르다
08 家賃[やちん] 집세
09 外国人[がいこくじん] 외국인　借りる[かりる] 빌리다　保証人[ほしょうにん] 보
증인　必要[ひつよう] 필요
10 駅[えき] 역　近い[ちかい] 가깝다　日当たり[ひあたり] 볕이 듦　安い[やすい] 싸
다　所[ところ] 곳

32.mp3

06 わしつ란 다다미방입니다.

07 애완동물은 기를 수 있습니까?

08 집세는 얼마입니까?

09 외국인이 방을 빌릴 때는 보증인이 필요합니다.

10 역에서 가깝고 볕이 잘 들고 집세가 싼 곳은 좀처럼 없다.

🌸 표현

06 和室とは의 ~とは는 '~란, ~라고 하는 것은'이라는 뜻입니다.

女 この近くで部屋を探しているんですが、どこかいい所はあ
　りますか。

男 一人暮らしですか。

女 いいえ。友人と二人なので、2DKくらいのアパートを探し
　ています。

男 じゃ、これはいかがですか。

女 どんな間取りですか。

男 これが間取り図です。部屋は一つが和室で、一つが洋室で
　す。

女 日当たりはいいですか。

男 ええ、悪くはないですよ。

女 家賃はいくらですか。

男 8万円です。

✽해석

여　이 근처에서 방을 찾고 있는데요, 어디 좋은 곳이 있습니까?

남　혼자 삽니까?

여　아니요. 친구와 둘이라서, 방 두 개에 식당 겸 주방이 있는 정도의 연립주택을 찾고 있어요.

남　그럼, 이건 어떠십니까?

여　방 배치가 어떻게 돼요?

남　이것이 방 배치도입니다. 방은 하나가 일본식 다다미방이고, 하나가 마루방입니다.

여　볕은 잘 들어요?

남　네, 나쁘지는 않습니다.

여　집세는 얼마예요?

남　8만 엔입니다.

✽ 단어

近く[ちかく] 근처, 가까이 部屋[へや] 방 探す[さがす] 찾다 所[ところ] 곳 一人暮らし[ひとり ぐらし] 혼자 삶, 독신생활 友人[ゆうじん] 친구 二人[ふたり] 두 명, 두 사람 2DK[にディーケー] 2DK 間取り[まどり] 방의 배치 間取り図[まどりず] 방 배치도 一つ[ひとつ] 하나 和室[わしつ] 일본식 다다미방 洋室[ようしつ] 마루방 日当たり[ひあたり] 볕이 듦 悪い[わるい] 나쁘다 家賃[やちん] 집세 8万円[はちまんえん] 8만 엔

❖ 아하, 일본에서는!

집 구조를 나타내는 말, LDK

집 구조가 어떻게 되는지를 나타낼 때 LDK라는 말을 많이 쓰는데, 이건 일본에서 만들어진 말이라고 합니다. L은 '거실(living room)', D는 '식당(dining room)', K는 '주방(kitchen)'을 나타냅니다. 예를 들어 2K는 방 2개에 주방, 1DK는 방 1개에 식당 겸 주방, 3LDK는 방 3개에 거실과 식당 겸 주방이 있는 것을 말합니다.

한국과 다른 일본의 アパート

한국에서 말하는 '아파트'는 일본에서 マンション 맨션이라고 합니다. 일본에서 アパート라고 하면 '연립주택' 정도가 됩니다. 그런데 일본에서 アパート와 マンション을 구별하는 뚜렷한 기준은 없다고 합니다. 대부분의 부동산에서는 철골 철근 콘크리트이면 マンション으로 표시한다고 합니다. アパート는 주로 목조나 경량철골을 사용한 2, 3층짜리 건물을 말합니다.

33 バイト探し 알바 구하기

O1 アルバイトの募集広告を見て来たんですが。

O2 履歴書を持ってきてください。

O3 明日の3時に面接に来てください。

O4 この仕事のどこに魅力を感じましたか。

O5 人と接するのが好きなので、自分に合っているバイトだと思いました。

 단어

探し[さがし] 찾기, 구하기
01 募集広告[ぼしゅう こうこく] 모집 광고　見る[みる] 보다　来た[きた] 왔다
02 履歴書[りれきしょ] 이력서　持ってくる[もってくる] 가져오다
03 明日[あした] 내일　3時[さんじ] 3시　面接[めんせつ] 면접　来て[きて] 오고, 와서
04 仕事[しごと] 일　魅力[みりょく] 매력　感じる[かんじる] 느끼다
05 人[ひと] 사람　接する[せっする] 접하다　好きな[すきな] 좋아하는　自分[じぶん]
　　자기, 자신　合う[あう] 맞다　思う[おもう] 생각하다

O1 아르바이트 모집 광고를 보고 왔는데요.

O2 이력서를 가져오십시오.

O3 내일 3시에 면접하러 오십시오.

O4 이 일의 어디에 매력을 느꼈습니까?

O5 사람과 접하는 것을 좋아해서, 저에게 맞는 아르바이트
라고 생각했습니다.

표현

05 自分に合っているバイトだと思いました는 직역하면 '자기에게 맞고 있는 아르바
이트라고 생각했습니다'가 됩니다.

먼저 오디오를 듣고 따라 말해 보세요!

33 バイト探し 알바 구하기

06 どうしてバイトをしようと思っているんですか。

07 学費を貯めるためです。

08 あなたの長所と短所を教えてください。

09 長所は誰とでもすぐに仲良くなれるところだ
と思います。

10 短所は気が短いところです。

🌸 단어

06 思う[おもう] 생각하다
07 学費[がくひ] 학비 貯める[ためる] (돈을)모으다
08 長所[ちょうしょ] 장점 短所[たんしょ] 단점 教える[おしえる] 알리다, 가르치다
09 誰[だれ] 누구 仲良く[なかよく] 사이좋게
10 気が短い[きが みじかい] 성질이 급하다

33.mp3

06 왜 아르바이트를 하려고 하는 건가요?

07 학비를 모으기 위해서입니다.

08 당신의 장점과 단점을 알려 주세요.

09 장점은 누구와도 바로 친해질 수 있는 것이라고 생각합니다.

10 단점은 성질이 급한 것입니다.

❀표현

06 직역하면 '왜 아르바이트를 하려고 생각하고 있는 건가요?'가 됩니다.
07 ～ため는 '～위해, ～위하여'라는 뜻입니다.

33 バイト探し 알바 구하기

11 1週間にどれくらい働けますか。

12 週三日くらい仕事をしたいと思っています。

13 どのくらいの期間、仕事を続けるつもりですか。

14 学校を卒業するまでの1年間、続けたいと思っています。

15 バイトの経験はありますか。

🌸 단어

11 1週間[いっしゅうかん] 1주일 働く[はたらく] 일하다
12 週[しゅう] 주 三日[みっか] 3일 仕事[しごと] 일 思う[おもう] 생각하다
13 期間[きかん] 기간 続ける[つづける] 계속하다, 잇다
14 学校[がっこう] 학교 卒業[そつぎょう] 졸업 1年間[いちねんかん] 1년간
15 経験[けいけん] 경험

33.mp3

11 1주일에 얼마나 일할 수 있습니까?

12 주 3일 정도 일하고 싶습니다.

13 얼마 동안 일을 계속할 생각입니까?

14 학교를 졸업할 때까지 1년간 계속하고 싶습니다.

15 아르바이트 경험은 있습니까?

❀ 표현

12 직역하면 '주 3일 정도 일하고 싶다고 생각하고 있습니다'가 됩니다.

33 バイト探し 알바 구하기

16 いいえ、全然ありません。

17 土日や祝日も働けますか。

18 日曜日と祝日はできればお休みさせていただきたいと思います。

19 時給はいくらですか。

20 交通費の支給はありますか。

❀단어

16 全然[ぜんぜん] 전혀
17 土日[どにち] 토요일과 일요일 祝日[しゅくじつ] 공휴일 働く[はたらく] 일하다
18 日曜日[にちようび] 일요일 休む[やすむ] 쉬다 思う[おもう] 생각하다
19 時給[じきゅう] 시간급
20 交通費[こうつうひ] 교통비 支給[しきゅう] 지급

33.mp3

16 아니요, 전혀 없습니다.

17 토요일과 일요일, 공휴일도 일할 수 있습니까?

18 일요일과 공휴일은 가능하면 쉬게 해 주셨으면 합니다.

19 시간급은 얼마입니까?

2O 교통비 지급은 있습니까?

표현

18 お休みさせていただきたいと思います는 직역하면 '쉬게 함을 받고 싶다고 생각
합니다'가 됩니다.

女 こんにちは。よろしくお願いします。

男 学生さんですね。

女 はい、大学4年生です。

男 この仕事のどこに魅力を感じましたか。

女 人と接するのが好きなので、自分に合っているバイトだと
思いました。

男 1週間にどれくらい働けますか。

女 週三日くらい仕事をしたいと思っています。

男 バイトの経験はありますか。

女 いいえ、全然ありません。

男 何か質問はありますか。

女 あのう、交通費の支給はありますか。

男 はい、あります。

❋해석

여 안녕하세요. 잘 부탁드립니다.
남 학생이군요.
여 네, 대학교 4학년입니다.
남 이 일의 어디에 매력을 느꼈습니까?
여 사람과 접하는 것을 좋아해서, 저에게 맞는 아르바이트라고 생각했습니다.
남 1주일에 어느 정도 일할 수 있습니까?
여 주 3일 정도 일하고 싶습니다.
남 아르바이트 경험은 있습니까?
여 아니요, 전혀 없습니다.
남 뭔가 질문이 있습니까?
여 저어, 교통비 지급은 있습니까?
남 네, 있습니다.

✽ 단어

お願い[おねがい] 부탁 学生[がくせい] 학생 大学[だいがく] 대학교 4年生[よねん
せい] 4학년생 仕事[しごと] 일 魅力[みりょく] 매력 感じる[かんじる] 느끼다 人[
ひと] 사람 接する[せっする] 접하다 好きな[すきな] 좋아하는 自分[じぶん] 자기, 자
신 合う[あう] 맞다 思う[おもう] 생각하다 1週間[いっしゅうかん] 1주일 働く[はた
らく] 일하다 週[しゅう] 주 三日[みっか] 3일 仕事[しごと] 일 経験[けいけん] 경
험 全然[ぜんぜん] 전혀 何か[なにか] 뭔가 質問[しつもん] 질문 交通費[こうつう
ひ] 교통비 支給[しきゅう] 지급

✽ 표현

'학생이에요?'라고 물어볼 때 学生ですか라고 하는 사람들이 많은데, 이렇게 말하면 듣
는 사람의 기분이 좋지 않습니다. 여기 회화와 같이 뒤에 さん을 붙여서 学生さんです
か라고 하는 것이 좋습니다.

❖ 아하, 일본에서는!

일본의 아르바이트 사정

일본에서 아르바이트의 인기 순위는 지역마다 차이가 납니다. 도쿄를 중심으로
한 지역에서 가장 인기 있는 아르바이트는 '강사, 인스트럭처'라고 합니다. 두 번
째가 '이벤트 관련', 그 뒤가 '판매', '배달원', '전문직', '청소, 경비', '접객' 순이라
고 합니다. 한편 오사카를 중심으로 한 지역에서 가장 인기 있는 아르바이트는
'이벤트 관련'이고, 그 뒤가 '데이터 입력', '접객', '판매', '전문직'이라고 합니다.

특이한 아르바이트로는 '골절 아르바이트'라는 것이 있더군요. 뼈가 부러지는 순
간을 의학적으로 조사하기 위한 것으로 한 번에 40~50만 엔이라고 합니다. 또
환경호르몬 조사를 위해 남자의 정자를 5,000엔에 산다는 '정자 아르바이트'도
있다고 합니다. '게임기 선전 아르바이트'는 손에 게임기를 들고 재미있어 보이
도록 게임을 하면서 번화가를 걷는 것이라고 합니다.

셋째마당

일본을 여행할 때
필요한 표현

여기에서는 일본에 3박 4일 정도의 짧은 여행을 갔다 오는 것을 상상해서 필요한 표현들을 정리해 보았습니다. 北海道[ほっかいどう]나 沖縄[おきなわ] 등 대중교통편이 그리 좋지 못한 곳에 가는 경우에는 차를 빌려서 다니는 것이 편리할 수도 있습니다. 그런 경우도 생각해서 차를 빌릴 때 쓸 만한 표현들도 정리해 보았습니다.

1장 到着 도착

여행 가는 대부분의 사람들은 갈 곳이 정해져 있겠죠. 또 미리 어떻게 가는지 알아보고 출발할 것이구요. 사실 입국심사 때도 특별히 물어보는 것도 없이 통과를 시켜주는 경우가 많다고 하니 숙소에 도착할 때까지 입 한 번 열어 볼 기회 없이 지나갈 수도 있어요. 하지만 어떤 말을 들었을 때, 어떤 말을 해야 할 상황이 생겼을 때 당황하지 않게 미리 챙겨두는 것이 좋겠죠.

到着[とうちゃく] 도착

34 空港で 공항에서

01 乗り継ぎのお客様はこちらです。

02 入国カードを書いてください。

03 パスポートを見せてもらえますか。

04 滞在の目的は何ですか。

05 観光です。

❀ 단어

空港[くうこう] 공항
01 乗り継ぎ[のりつぎ] 환승 お客様[おきゃくさま] 손님
02 入国[にゅうこく] 입국 書く[かく] 쓰다
03 見せる[みせる] 보여주다
04 滞在[たいざい] 체류, 체재 目的[もくてき] 목적 何[なん] 무엇
05 観光[かんこう] 관광

34.mp3

O1 환승할 손님은 이쪽입니다.

O2 입국카드를 써 주세요.

O3 여권을 보여 줄 수 있어요?

O4 체류 목적은 무엇입니까?

O5 관광입니다.

🌸 표현

03 직역하면 '여권을 보여 받을 수 있어요?'가 됩니다.

34 空港で 공항에서

06 滞在期間はどのくらいですか。

07 4日です。

08 何か申告するものはありませんか。

09 荷物の取り忘れにご注意ください。

10 観光案内所はどこですか。

🌸 단어

06 滞在[たいざい] 체류, 체재 期間[きかん] 기간
07 4日[よっか] 4일
08 何か[なにか] 뭔가 申告[しんこく] 신고
09 荷物[にもつ] 짐 取り忘れ[とりわすれ] 찾는 것을 깜빡함 注意[ちゅうい] 주의
10 観光案内所[かんこう あんないじょ] 관광안내소

34.mp3

O6 체류기간은 어느 정도입니까?

O7 4일입니다.

O8 뭔가 신고할 것은 없습니까?

O9 짐 찾는 것을 잊지 않도록 주의해 주십시오.

1O 관광안내소는 어디에 있습니까?

표현

10 案內所는 あんないしょ라고도 읽습니다. 다만 あんないしょ에는 案內書도 있으므로 혼동되지 않도록 あんないじょ라고 쓰는 편이 좋습니다.

男 パスポートを見せてもらえますか。

女 はい。

男 入国カードを書いてください。

女 あ、ここにあります。すみません。

男 滞在の目的は何ですか。

女 観光です。

男 この住所と電話番号はどこのですか。

女 知り合いの家です。

男 滞在期間はどのくらいですか。

女 4日です。

✽해석

남 여권을 보여 줄 수 있어요?

여 네.

남 입국카드를 써 주세요.

여 아, 여기 있습니다. 죄송합니다.

남 체류 목적은 무엇입니까?

여 관광입니다.

남 이 주소와 전화번호는 어디 것입니까?

여 아는 사람의 집입니다.

남 체류기간은 어느 정도입니까?

여 4일입니다.

✻ 단어

見せる[みせる] 보여 주다 入国[にゅうこく] 입국 書く[かく] 쓰다 滞在[たいざい]
체류, 체재 目的[もくてき] 목적 何[なん] 무엇 観光[かんこう] 관광 住所[じゅうしょ] 주소 電話番号[でんわ ばんごう] 전화번호 知り合い[しりあい] 아는 사람 家[いえ] 집 滞在期間[たいざい きかん] 체류기간 4日[よっか] 4일

❖ 아하, 일본에서는!

일본에서는 목소리에 신경 쓰세요!

일본 사람들에 비해서 한국 사람들이 목소리가 큽니다. 일본에서는 목소리가 큰
것을 좋게 생각하지 않아서 목소리에 신경 쓰는 것이 좋습니다. 저도 목소리가
꽤 큰 편이라, 어렸을 때부터 주변에서 주의를 많이 받았습니다. 한국에 오니까
다들 목소리가 커서 편하더군요. ^^ 일본으로 놀러 온 한국 사람들이 원래 목소
리가 큰데다가 흥분해서 더욱 목소리가 커지는 경우가 많습니다. 전철이나 버
스 등에서 잠깐 주변을 살펴보세요. 조용~한 경우가 많거든요. 크게 떠드는 사
람들이 있을 때는 한국 사람이나 중국 사람인 경우가 많지요. 일본 사람이라면
여고생들인 경우가 많구요. 시끄럽게 떠들면 눈살을 찌푸리는 일본 사람들이 많
으니 조심하세요.

35 宿まで 숙소까지

O1 東京駅まではどう行けばいいんですか。

O2 一番早く行く方法を教えてください。

O3 ここからどのくらいかかりますか。

O4 新宿駅までいくらですか。

O5 ここから何番目の駅ですか。

단어

宿[やど] 숙소
01 駅[えき] 역 行く[いく] 가다
02 一番[いちばん] 제일, 가장 早く[はやく] 빨리 方法[ほうほう] 방법 教える[おしえる] 가르치다, 알리다
05 何番[なんばん] 몇 번 ~目[め] ~째

35.mp3

01 とうきょう역까지는 어떻게 가면 되는 겁니까?

02 가장 빨리 가는 방법을 가르쳐 주세요.

03 여기에서 얼마나 걸립니까?

04 しんじゅく역까지 얼마입니까?

05 여기에서 몇 번째 역입니까?

🌸 표현

02 무く를 安く[やすく]로 바꾸면 '가장 싸게 가는 방법'을 물을 수 있습니다.

35 宿まで 숙소까지

06 何回乗り換えないといけませんか。

07 六本木行きの電車は何番線ですか。

08 秋葉原はまだですか。

09 もう通り過ぎましたよ。

10 これは上野に行くバスですか。

🌸단어

06 何回[なんかい] 몇 번　乗り換える[のりかえる] 갈아타다
07 ~行き[ゆき] ~행　電車[でんしゃ] 전철　何番線[なんばんせん] 몇 번 승강장
09 通り過ぎる[とおりすぎる] 지나가다
10 行く[いく] 가다

35.mp3

O6 몇 번 갈아타야 합니까?

O7 ろっぽんぎ행 전철은 몇 번 승강장입니까?

O8 あきはばら는 아직 멀었나요?

O9 벌써 지나쳐갔어요.

1O 이것은 うえの로 가는 버스입니까?

❀ 표현

07 승강장을 말할 때 1番線[いちばんせん] 1번 승강장, 2番線[にばんせん] 2번 승강장과
   같이 ~番線[ばんせん] ~번 승강장이라는 말을 씁니다.
08 직역하면 'あきはばら는 아직입니까?'가 됩니다.

35 宿まで 숙소까지

11 日本には後ろのドアから乗るバスもある。

12 原宿に着いたら教えてもらえますか。

13 どちらまで行かれますか。

14 すみませんが、時間がないので急いでいただけますか。

15 ここで止めてください。

🌸 단어

11 日本[にほん] 일본 後ろ[うしろ] 뒤 乗る[のる] 타다
12 着く[つく] 도착하다 教える[おしえる] 알리다, 가르치다
13 行く[いく] 가다
14 時間[じかん] 시간 急ぐ[いそぐ] 서두르다
15 止める[とめる] 세우다, 멈추게 하다

35.mp3

11 일본에는 뒷문으로 타는 버스도 있다.

12 はらじゅくに 도착하면 알려 줄 수 있어요?

13 어디까지 가십니까?

14 죄송하지만, 시간이 없으니까 서둘러 주시겠습니까?

15 여기에서 세워 주세요.

🌸 표현

13 택시를 탔을 때 택시 기사가 묻는 질문입니다. どこ어디를 쓰는 것보다 どちら어느 쪽,
어디를 쓰는 편이 더 공손한 말이 됩니다.

15 止める는 한자를 停める로 쓰기도 합니다.

35 宿まで 숙소까지

16 高速バスはトイレの付いているバスが多い。

17 窓側の席はありますか。

18 出発は何時ですか。

19 何時に着きますか。

20 やっと着いた！

단어

16 高速[こうそく] 고속　付く[つく] 달리다, 붙다　多い[おおい] 많다
17 窓側[まどがわ] 창가　席[せき] 자리
18 出発[しゅっぱつ] 출발　何時[なんじ] 몇 시
19 着く[つく] 도착하다
20 やっと 겨우, 드디어

16 고속버스는 화장실이 달려 있는 버스가 많다.

17 창가 자리가 있습니까?

18 출발은 몇 시입니까?

19 몇 시에 도착합니까?

20 드디어 도착했네!

🌸 표현

17 참고로 '통로측'은 通路側[つうろがわ]라고 합니다.

男 東京駅まではどう行けばいいんですか。

女 行き方はいくつかありますけど。

男 一番早く行く方法を教えてください。

女 京成スカイライナーに乗って、日暮里駅でJR山の手線に
乗り換えてください。東京駅は日暮里から6つ目です。

男 ここからどのくらいかかりますか。

女 スカイライナーがすぐあるかどうかわかりませんが、1時
間くらいで着きますよ。

男 どうもありがとうございます。

✽ 해석

남 とうきょう역까지는 어떻게 가면 되는 건가요?

여 가는 방법은 몇 가지 있는데요.

남 가장 빨리 가는 방법을 알려 주세요.

여 けいせいスカイライナー를 타고 にっぽり역에서 JR やまのて선으로 갈아타세요. とうきょう역은 にっぽり에서 6번째예요.

남 여기에서 얼마나 걸려요?

여 스카이라이너가 바로 있을지 (어떨지) 모르겠지만, 한 시간 정도면 도착해요.

남 대단히 감사합니다.

✽ 단어

駅[えき] 역　行く[いく] 가다　行き方[いきかた] 가는 방법　一番[いちばん] 제일, 가장
早く[はやく] 빨리　方法[ほうほう] 방법　教える[おしえる] 가르치다, 알리다　乗る[の
る] 타다　〜線[せん] 〜선　乗り換える[のりかえる] 갈아타다　6つ[むっつ] 여섯　〜
目[め] 〜째　1時間[いちじかん] 한 시간　着く[つく] 도착하다

❖ 아하, 일본에서는!

일본의 버스

일본의 버스는 앞문으로 타는 것과 뒷문으로 타는 것이 있습니다. 앞문으로 타
는 버스는 어디까지 가든 금액이 일정한 버스라서 탈 때 요금을 냅니다. 뒷문으
로 타는 버스는 타는 거리에 따라 요금을 내게 되어 있어서 내릴 때 요금을 냅니
다. 뒷문으로 버스를 탈 때는 뒷문 왼쪽에 보면 번호가 찍힌 표가 나오는 박스가
있으니 표를 꼭 챙겨서 타야 합니다. 내릴 때 그 표와 돈을 같이 내게 되어 있어
요. 표가 없으면 시발역에서 탄 요금을 내야 하니 조심하세요.

일본의 자동문 택시

일본의 택시는 모두 자동문입니다. 문 가까이 다가가면 기사가 열어 주고 올라타
면 닫아 줍니다. 문에 절대 손대지 마세요. 그러다 넘겨져서 다치는 경우도 있습
니다. 택시를 타면 습관적으로 문을 닫아 버리는 한국 사람들이 많은데, 기사들
이 문이 고장 난다고 싫어한답니다. 그리고 아무리 빨리 가고 싶더라도 早く行
ってください빨리 가 주세요라고 하지 마세요. 이 말투는 명령하는 것처럼 들려
서 기분이 나쁠 수 있습니다. 빨리 가 달라고 하고 싶을 때는 여기에서 배운 것
처럼 急いでいただけますか라고 하세요.

2장 旅行地で 여행지에서

여행지에서는 장소를 찾아가야 하는 경우가 많죠. 그때 잘못 찾아서 헤매는 일도 있을 수 있죠. 그럴 때 괜히 시간 낭비하지 말고 용기를 내서 도움을 구해 보세요. 쉽게 찾아서 시간을 아낄 수도 있고 또 일본어를 쓸 좋은 기회도 될 거예요. 숙소를 예약할 때와 숙박 중에 쓸 만한 표현, 차를 렌트할 때 필요한 표현, 도움을 청할 때 유용한 표현 등을 살펴보기로 합시다.

旅行地[りょこうち] 여행지

36 場所探し 장소 찾기

01 お台場に行きたいんですが、どうやって行ったらいいんですか。

02 覚えられないので、ここに書いてもらえますか。

03 都庁に行きたいんですが、何番出口から出ればいいんですか。

04 ここから一番近い駅はどこですか。

05 この近くにお勧めの観光名所はありますか。

🌸단어

場所[ばしょ] 장소　探し[さがし] 찾기

01 行く[いく] 가다

02 覚える[おぼえる] 외우다, 기억하다　書く[かく] 쓰다

03 都庁[とちょう] 도청　何番出口[なんばん でぐち] 몇 번 출구　出る[でる] 나가다, 나오다

04 一番[いちばん] 가장, 제일　近い[ちかい] 가깝다　駅[えき] 역

05 近く[ちかく] 근처, 가까이　勧め[すすめ] 추천, 권장　観光名所[かんこう めいしょ] 관광 명소

36.mp3

O1 おだいばに 가고 싶은데, 어떻게 가면 되는 겁니까?

O2 외우지 못하니까, 여기에 써 줄 수 있어요?

O3 도청에 가고 싶은데, 몇 번 출구로 나가면 되는 겁니까?

O4 여기에서 가장 가까운 역은 어디입니까?

O5 이 근처에 추천해 주실 만한 관광 명소가 있습니까?

🌸 표현

01 どうやって行ったらは どう行ったら라고 해도 됩니다. 서로 큰 차이는 없지만 굳이
차이가 나도록 번역하면, どうやって行ったら는 '어떻게 해서 가면'이라는 뜻이고,
どう行ったら는 '어떻게 가면'이라는 뜻입니다.

36 場所探し 장소 찾기

06 日帰りで旅行に行けるような所はあります
か。

07 温泉に行ってみたいんですが、どこかいい所
はありませんか。

08 歩いて行けますか。

09 そこは行ったことがあります。

10 道に迷ってしまったんですが。

❀단어

06 日帰り[ひがえり] 당일치기 旅行[りょこう] 여행 行く[いく] 가다 所[ところ] 곳
07 温泉[おんせん] 온천
08 歩く[あるく] 걷다
10 道[みち] 길 迷う[まよう] 헤매다

36.mp3

06 당일치기로 여행 갈 수 있는 곳이 있습니까?

07 온천에 가 보고 싶은데, 어디 좋은 곳은 없습니까?

08 걸어서 갈 수 있습니까?

09 그곳은 간 적이 있습니다.

10 길을 잃어버렸는데요.

🌸 표현

06 日帰りで旅行に行けるような所는 직역하면 '당일치기로 여행 갈 수 있는 것과 같은 곳'이 됩니다. 旅行に行ける所 여행 갈 수 있는 곳라고 하면 정확히 단언하게 되어 대답하는 사람이 부담을 느낄 수 있으므로 〜ような〜와 같은를 붙여서 부드러운 표현을 만든 것입니다.

10 '길을 잃다'라고 할 때는 조사 に를 써서 道に迷う라고 합니다.

36 場所探し 장소 찾기

11 この地図で説明していただけますか。

12 今いる場所はこの地図でどこですか。

13 この近くに観光案内所はありませんか。

14 安く泊まれる所を紹介していただきたいんですが。

15 この辺で両替できる所はどこでしょうか。

🌸 단어

11 地図[ちず] 지도　説明[せつめい] 설명
12 今[いま] 지금　場所[ばしょ] 장소
13 近く[ちかく] 근처, 가까이　観光案内所[かんこう あんないじょ] 관광안내소
14 安い[やすい] 싸다　泊まる[とまる] 묵다　所[ところ] 곳　紹介[しょうかい] 소개
15 辺[へん] 근처, 근방　両替[りょうがえ] 환전

36.mp3

11 이 지도로 설명해 주시겠습니까?

12 지금 있는 곳은 이 지도에서 어디입니까?

13 이 근처에 관광안내소는 없습니까?

14 싸게 묵을 수 있는 곳을 소개해 주셨으면 하는데요.

15 이 근방에서 환전할 수 있는 곳은 어딘가요?

🌸 표현

14 紹介していただきたいんですが는 직역하면 '소개해 받고 싶은데요'가 됩니다.

36 場所探し 장소 찾기

16 この辺りに公衆電話はありませんか。

17 この近くに安くておいしいお店はありませんか。

18 この近くにコンビニはありませんか。

19 お手洗いはどこですか。

20 交番はどこにありますか。

❀단어

16 辺り[あたり] 근방, 근처, 주위 公衆電話[こうしゅう でんわ] 공중전화
17 近く[ちかく] 근처, 가까이 安い[やすい] 싸다 店[みせ] 가게
19 お手洗い[おてあらい] 화장실
20 交番[こうばん] 파출소

36.mp3

16 이 근처에 공중전화는 없습니까?

17 이 근처에 싸고 맛있는 가게는 없습니까?

18 이 근처에 편의점은 없습니까?

19 화장실은 어디입니까?

20 파출소는 어디에 있습니까?

표현

18 コンビニ는 コンビニエンスストア convenience store의 준말입니다.

女 すみません。道に迷ってしまったんですが、今いる場所は
　この地図でどこですか。

男 ええと、ここです。

女 ああ、そうですか。ここから一番近い駅はどこですか。

男 ここです。恵比寿駅です。

女 ああ、そうですか。すみません、あと、この近くにお勧めの
　観光名所はありますか。

男 観光名所ですか。恵比寿ガーデンプレイスくらいしか知ら
　ないんですが、行ったことがありますか。

女 いいえ、ありません。

男 今ちょうどクリスマスのイルミネーションをやってて、きれ
　いですよ。

女 そうですか。ありがとうございます。

✽ 해석

여　실례합니다. 길을 잃어버렸는데요, 지금 있는 곳은 이 지도에서 어디입니까?
남　저어, 여기입니다.
여　아아, 그렇군요. 여기에서 가장 가까운 역은 어디입니까?
남　여기예요. えびす역입니다.
여　아아, 그래요. 저기요, 또 이 근처에 추천해 주실 만한 관광 명소가 있습니까?
남　관광 명소 말입니까? えびす가든플레이스 정도밖에 모르는데, 간 적이 있나요?
여　아니요, 없습니다.
남　지금 마침 크리스마스 일루미네이션을 하고 있어서 예뻐요.
여　그렇군요. 고맙습니다.

✿ 단어

道[みち] 길　迷う[まよう] 헤매다　今[いま] 지금　場所[ばしょ] 장소　地図[ちず] 지도　一番[いちばん] 가장, 제일　近い[ちかい] 가깝다　駅[えき] 역　近く[ちかく] 근처, 가까이　勧め[すすめ] 추천, 권장　観光名所[かんこう めいしょ] 관광 명소　知る[しる] 알다　行く[いく] 가다

❖ 아하, 일본에서는!

일본에서 장거리 여행을 할 때는 도시락을 즐기세요!

일본에서 장거리 여행을 할 때는 기차역에 가서 도시락을 드셔 보세요. 일본은 지역마다 특유의 駅弁[えきべん] 역 도시락이 있는데, 맛있는 도시락들이 참 많습니다. 역 도시락 팬들도 많아서 백화점에서나 슈퍼에서 전국의 駅弁을 판매하는 이벤트를 하는 경우도 많습니다. 그럴 땐 많이 사러 가지요. 저도 사러 가는 사람들 중 한 사람입니다. ^^

http://eki-ben.web.infoseek.co.jp
여기를 참고하면 전국의 駅弁을 찾아 보실 수 있습니다.

또 고속버스를 이용하게 되면 휴게소에서 꼭 매점에 들러 보세요. 고속도로 휴게소에도 각 지역의 특산품들이 있어서 먹어 볼 만한 것들, 살 만한 것들이 많습니다.

37 宿 숙소

01 予約をお願いしたいんですが。

02 1泊、いくらですか。

03 食事は付いていますか。

04 はい、朝食と夕食が付いています。

05 露天風呂はありますか。

 단어

宿[やど] 숙소
01 予約[よやく] 예약 お願い[おねがい] 부탁
02 1泊[いっぱく] 1박
03 食事[しょくじ] 식사 付く[つく] 붙다, 달리다
04 朝食[ちょうしょく] 조식, 아침식사 夕食[ゆうしょく] 석식, 저녁식사
05 露天風呂[ろてん ぶろ] 노천 온천, 노천 욕탕

37.mp3

O1 예약을 부탁하고 싶은데요.

O2 1박에 얼마입니까?

O3 식사가 포함되어 있습니까?

O4 네, 아침식사와 저녁식사가 포함되어 있습니다.

O5 노천 온천이 있습니까?

✿ 표현

03 직역하면 '식사는 붙어 있습니까?'가 됩니다.

37 宿 숙소

06 2名様、ツインで1泊のご予定ですね。

07 その日はあいにく満室となっております。

08 海の見える部屋をお願いできますか。

09 予約してないんですが、泊まれますか。

10 チェックインは何時からですか。

단어

06 2名様[にめいさま] 두 분 1泊[いっぱく] 1박 予定[よてい] 예정
07 日[ひ] 날 あいにく 공교롭게도, 마침 満室[まんしつ] 만실
08 海[うみ] 바다 見える[みえる] 보이다 部屋[へや] 방 お願い[おねがい] 부탁
09 予約[よやく] 예약 泊まる[とまる] 묵다, 숙박하다
10 何時[なんじ] 몇 시

37.mp3

06 두 분, 트윈으로 1박하실 예정이시지요.

07 그 날은 공교롭게도 만실입니다.

08 바다가 보이는 방을 부탁할 수 있습니까?

09 예약하지 않았는데, 묵을 수 있습니까?

10 체크인은 몇 시부터입니까?

🌸 **표현**

06 '싱글(1인실)'은 シングル라고 하고, '더블(2인실)'은 ダブル라고 합니다. ダブル는 2인용 침대가 한 개 있는 것이고, ツイン은 1인용 침대가 두 개 있는 것입니다.

先日のオーディオを聞いてから話してみてください!

37 宿 숙소

11 建物内ではスリッパをご利用ください。

12 貴重品はお部屋にセキュリティーボックスがありますので、それをご利用ください。

13 浴衣の着方を教えてください。

14 露天風呂の入り方を教えていただけますか。

15 大浴場に行かれる時はお部屋のバスタオルとタオルをご持参ください。

🌸단어

11 建物内[たてもの ない] 건물 안, 건물 내 利用[りよう] 이용
12 貴重品[きちょうひん] 귀중품 部屋[へや] 방
13 浴衣[ゆかた] 면으로 된 얇은 기모노 着方[きかた] 입는 방법 教える[おしえる] 가르치다, 알리다
14 露天風呂[ろてん ぶろ] 노천 온천, 노천 욕탕 入り方[はいりかた] 들어가는 방법
15 大浴場[だいよくじょう] 대욕장, 대욕탕 行く[いく] 가다 時[とき] 때 持参[じさん] 지참

일본어 필수 표현 무작정 따라하기

37.mp3

11 건물 안에서는 슬리퍼를 이용해 주십시오.

12 귀중품은 방에 시큐리티 박스가 있으니까, 그것을 이용
해 주십시오.

13 ゆかた를 입는 방법을 가르쳐 주세요.

14 노천 온천을 이용하는 방법을 가르쳐 주시겠습니까?

15 대욕장에 가실 때는 방에 있는 바스타올과 수건을 가져
가십시오.

🌸표현

14 앞에서 '목욕하다'는 (お)風呂[ふろ]に入[はい]る라고 배웠지요? 온천도 목욕하는
거니까 똑같이 동사 入る를 쓴다고 생각하면 됩니다. 결국 둘 다 '욕실, 욕조, 욕탕'
에 '들어가다'라는 뜻입니다.

37 宿 숙소

16 部屋に鍵を置いてきてしまったんですが。

17 お湯が出ないんですが、できるだけ早く直して
ください。

18 チェックアウト、お願いします。

19 荷物を3時まで預かっていただけますか。

20 タクシーを呼んでもらえますか。

🌸 단어

16 部屋[へや] 방 鍵[かぎ] 열쇠 置く[おく] 두다, 놓다
17 お湯[おゆ] 따뜻한/뜨거운 물 出る[でる] 나오다, 나가다 早く[はやく] 빨리 直す
[なおす] 고치다
18 お願い[おねがい] 부탁
19 荷物[にもつ] 짐 3時[さんじ] 3시 預かる[あずかる] 맡다, 보관하다
20 呼ぶ[よぶ] 부르다

37.mp3

16 방에 열쇠를 놓고 와 버렸는데요.

17 따뜻한 물이 나오지 않는데, 가능한 한 빨리 고쳐 주세요.

18 체크아웃 부탁합니다.

19 짐을 3시까지 맡아 주시겠습니까?

20 택시를 불러 줄 수 있어요?

표현

17 일본어에서는 お湯 따뜻한 물와 水[みず] 찬물를 구별해서 말한다는 점에 유의하세요.

男　予約をお願いしたいんですが。

女　はい、ありがとうございます。いつのご予約ですか。

男　明日なんですが、泊まれますか。できれば、海の見える部
　　屋をお願いしたいんですが。

女　何名様ですか。

男　二人です。

女　はい。お二人様ですね。お泊まりいただけますが。

男　1泊、いくらですか。

女　お一人様12,500円です。

男　じゃ、予約をお願いします。

✽ 해석

남　예약을 부탁하고 싶은데요.

여　네, 감사합니다. 언제 예약이십니까?

남　내일인데요. 묵을 수 있어요? 가능하면, 바다가 보이는 방을 부탁하고 싶은데요.

여　몇 분이십니까?

남　두 명입니다.

여　네, 두 분이시죠. 숙박하실 수 있는데요.

남　1박에 얼마예요?

여　한 분 12,500엔입니다.

남　그럼, 예약을 부탁드려요.

✿단어

予約[よやく] 예약 お願い[おねがい] 부탁 明日[あした] 내일 泊まる[とまる] 묵다, 숙박하다 海[うみ] 바다 見える[みえる] 보이다 部屋[へや] 방 何名様[なんめいさま] 몇 분 二人[ふたり] 두 명 お二人様[おふたりさま] 두 분 1泊[いっぱく] 1박 お一人様[おひとりさま] 한 분 12,500円[いちまん にせん ごひゃくえん] 12,500엔

❖아하, 일본에서는!

浴衣[ゆかた]를 입는 방법

기모노를 본 적이 있으시면 대충 아시겠지만, 기모노는 옷의 앞부분을 겹쳐서 입게 되어 있습니다. 이때 어느 쪽을 위로 하고 아래로 하는지 조심해야 합니다. 오른쪽(오른손으로 잡게 되는 것)이 안으로 들어가고 왼쪽(왼손으로 잡게 되는 것)이 밖으로 나와야 합니다. 거꾸로 하면 죽은 사람에게 옷을 입히는 방식이니 조심하세요. 앞부분을 그렇게 겹쳐 놓고 띠를 두르면 됩니다. 여관에 있는 浴衣들은 길이가 그리 길지 않아서 길이를 조절할 필요는 없지만, 원래는 길이가 길어서 허리 부분에서 조절해야 합니다.

http://shop.plaza.rakuten.co.jp/fuwari/diary/detail/200809010000
여기에 입는 방법이 그림으로 쉽게 설명되어 있으므로 한번 보세요.

38 レンタカー 렌터카

O1 免許証を見せてください。

O2 国際免許証なんですが、大丈夫ですか。

O3 レンタル料は12時間までで5,145円、24時間までで6,510円です。

O4 ガソリンを満タンにしてから返してください。

O5 乗り捨てしたいんですが。

🍀단어

01 免許証[めんきょしょう] 면허증 見せる[みせる] 보여 주다
02 国際免許証[こくさい めんきょしょう] 국제면허증 大丈夫な[だいじょうぶな] 괜찮은
03 〜料[りょう] 〜료, 〜요금 12時間[じゅうにじかん] 12시간 5,145円[ごせん ひゃく よんじゅう ごえん] 5,145엔 24時間[にじゅうよじかん] 24시간 6,510円[ろくせん ごひゃく じゅうえん] 6,510엔
04 ガソリン 휘발유 満タン[まんタン] 가득 채움, 만탱크 返す[かえす] 반납하다, 돌려주다
05 乗り捨て[のりすて] 타고 간 차량을 그대로 버려 둠

우리말을 보고 일본어로 말해 보세요!

38.mp3

01 면허증을 보여 주세요.

02 국제면허증인데, 괜찮습니까?

03 렌털요금은 12시간까지 5,145엔, 24시간까지 6,510엔입니다.

04 기름을 가득 채우고 나서 반납해 주세요.

05 대여한 지점과 다른 지점에 반납하고 싶은데요.

❀ 표현

04 일본에서는 렌트한 차를 반납할 때 꼭 기름을 가득 채워서 반납하도록 되어 있습니다.

05 차를 렌트하면 대여한 지점으로 반납해야 하는데, 乗り捨て로 대여하면 대여한 지점과 다른 지점을 반납할 지점으로 지정할 수 있습니다.

38 レンタカー 렌터카

06 日本は車が右ハンドルで、左側通行だ。

07 日本は直進が青信号の時に右折できる。

08 道が渋滞している。

09 ここは駐車禁止だ。

10 間違って一方通行の道に入ってしまった。

❀ 단어

06 日本[にほん] 일본　車[くるま] 차　右[みぎ] 오른쪽　左側通行[ひだりがわ つうこう] 좌측통행

07 直進[ちょくしん] 직진　青信号[あおしんごう] (신호등)파란불　時[とき] 때　右折[うせつ] 우회전

08 道[みち] 길　渋滞[じゅうたい] 정체

09 駐車禁止[ちゅうしゃ きんし] 주차 금지

10 間違う[まちがう] 잘못하다, 잘못되다, 틀리다　一方通行[いっぽう つうこう] 일방통행　入る[はいる] 들어가다, 들어오다

38.mp3

06 일본은 차의 운전석이 오른쪽이고, 좌측통행이다.

07 일본은 직진이 파란불일 때 우회전할 수 있다.

08 길이 정체되고 있다.

09 여기는 주차 금지다.

10 잘못해서 일방통행 길로 들어가 버렸다.

❀ 표현

06 右ハンドル는 직역하면 '오른쪽 핸들'이 됩니다. 핸들이 오른쪽에 있다, 즉 운전석이 오른쪽이라는 뜻입니다.

女 車を借りたいんですが。

男 はい、ありがとうございます。免許証を見せてください。

女 国際免許証なんですが、大丈夫ですか。

男 はい、結構です。どのタイプの車をご希望でしょうか。

女 小さい乗用車を借りたいんですが。

男 一番小さいタイプですと、こちらになります。

女 レンタル料はいくらですか。

男 12時間までで5,145円、24時間までで6,510円です。

女 12時間でお願いします。

✻ 해석

여 차를 빌리고 싶은데요.

남 네, 감사합니다. 면허증을 보여 주세요.

여 국제면허증인데, 괜찮아요?

남 네, 괜찮습니다. 어떤 타입의 차를 희망하십니까?

여 작은 승용차를 빌리고 싶은데요.

남 가장 작은 타입이면 이것입니다.

여 렌털요금은 얼마예요?

남 12시간까지 5,145엔, 24시간까지 6,510엔입니다.

여 12시간으로 부탁드려요.

✻ 단어

車[くるま] 차 借りる[かりる] 빌리다 免許証[めんきょしょう] 면허증 見せる[みせる] 보여 주다 国際免許証[こくさい めんきょしょう] 국제면허증 大丈夫な[だいじょうぶな] 괜찮은 結構な[けっこうな] 괜찮은, 이제 된 希望[きぼう] 희망 小さい[ちいさい] 작다 乗用車[じょうようしゃ] 승용차 一番[いちばん] 가장, 제일 ～料[りょう] ～료, ～요금 12時間[じゅうにじかん] 12시간 5,145円[ごせん ひゃく よんじゅう ごえん] 5,145엔 24時間[にじゅうよじかん] 24시간 6,510円[ろくせん ごひゃく じゅうえん] 6,510엔

❖ 아하, 일본에서는!

한국과 다른 일본의 교통법규

한국에서는 기본적으로 좌회전 신호등이 있고, 없는 경우는 비보호 좌회전 표시가 있으면 좌회전을 할 수 있지만 없으면 좌회전이 안 되죠? 일본에서는 교통량이 많은 곳은 우회전 신호등(한국에서의 좌회전 신호등)이 있지만 그 외에는 우회전 신호등 없이 우회전을 합니다. 직진이 파란불이면 언제든지 우회전을 할 수 있지요. 그러니 우회전 신호등이 있는 곳에서도 앞에서 차가 오지 않으면 우회전 신호등이 켜지지 않아도 우회전을 해도 되는 겁니다.

또 한국에서 우회전을 하는 경우는 직진 신호등이 빨간불이라도 우회전을 할 수 있죠? 일본에서는 직진 신호등이 빨간불일 때는 좌회전(한국에서 우회전)을 하면 안 됩니다. 꼭 파란불일 때만 할 수 있어요. 그리고 좌회전, 우회전을 할 때는 보행자에 조심하셔야 해요. 한국에서는 좌회전, 우회전을 할 때 보행자 신호등이 빨간불로 되어 있어서 보행자가 없지만, 일본에서는 직진이 파란불일 때 보행자 신호도 동시에 파란불이라서 사고가 나기 쉽습니다.

39 助けを求める 도움을 청하다

O1 韓国語が話せるガイドさんはいますか。

O2 どこか韓国語で案内を受けられるところはありませんか。

O3 英語か韓国語で書かれているものはありませんか。

O4 旅行で来てるんですが、よろしかったら、ちょっと案内してもらえませんか。

O5 すみませんが、写真を撮っていただけますか。

✿ 단어

助け[たすけ] 도움 求める[もとめる] 구하다, 청하다
01 韓国語[かんこくご] 한국어 話す[はなす] 이야기하다
02 案内[あんない] 안내 受ける[うける] 받다
03 英語[えいご] 영어 書く[かく] 쓰다
04 旅行[りょこう] 여행 来て[きて] 오고, 와서
05 写真[しゃしん] 사진 撮る[とる] 찍다

39.mp3

01 한국어를 할 줄 아는 안내원이 있습니까?

02 어디 한국어로 안내를 받을 수 있는 곳은 없습니까?

03 영어나 한국어로 쓰여 있는 것은 없습니까?

04 여행 왔는데, 괜찮으시다면 좀 안내해 줄 수 있어요?

05 죄송하지만, 사진을 찍어 주시겠습니까?

표현

01 ガイドらごめんと하면 깔보는 듯한 느낌이 들기 때문에, 뒤에 さん을 붙여서 ガイドさ
   ん이라고 하는 것이 좋습니다.

04 旅行で来てる는 旅行で来ている의 い가 생략된 말로, 직역하면 '여행으로 와 있
   다, 여행 때문에 와 있다'가 됩니다.

39 助けを求める 도움을 청하다

06 このシャッターを押すだけです。

07 これは何て書いてあるんですか。

08 この漢字はどう読んだらいいんですか。

09 これはどういう意味ですか。

10 今の言葉をこれに書いていただけますか。

🌸 단어

06 押す[おす] 누르다
07 何て[なんて] 뭐라고　書く[かく] 쓰다
08 漢字[かんじ] 한자　読む[よむ] 읽다
09 意味[いみ] 뜻, 의미
10 今[いま] 지금　言葉[ことば] 말

O6 이 셔터를 누르기만 하면 됩니다.

O7 이것은 뭐라고 쓰여 있는 겁니까?

O8 이 한자는 어떻게 읽으면 되는 겁니까?

O9 이것은 어떤 뜻입니까?

1O 방금 한 말을 여기에 써 주시겠습니까?

🌸 표현

07 何て는 何と 뭐라고의 구어체입니다.
10 今の言葉는 직역하면 '지금의 말'이 됩니다.

39 助けを求める 도움을 청하다

11 日本語で何と言ったらいいんですか。

12 ちょっと電話を貸していただけませんか。

13 ここのお土産には、どんなものがお勧めですか。

14 お財布を無くしてしまったんですが。

15 ここに置いてあった黒いかばんを知りませんか。

🌸 단어

11 日本語[にほんご] 일본어 何と[なんと] 뭐라고 言う[いう] 말하다
12 電話[でんわ] 전화 貸す[かす] 빌려 주다
13 土産[みやげ] 기념품, 선물 勧め[すすめ] 추천, 권장
14 財布[さいふ] 지갑 無くす[なくす] 잃다, 분실하다
15 置く[おく] 놓다, 두다 黒い[くろい] 검다, 까맣다 知る[しる] 알다

39.mp3

11 일본어로 뭐라고 하면 되는 겁니까?

12 잠깐 전화를 빌려 주시겠습니까?

13 이곳의 기념품으로는 어떤 것을 추천해 주시겠습니까?

14 지갑을 잃어버렸는데요.

15 여기에 있던 검은 가방을 모릅니까?

🌸 표현

13 どんなものがお勧めですか는 직역하면 '어떤 것이 추천입니까?'가 됩니다.
14 남자의 경우는 보통 자기 지갑에 대해서 말할 때는 お를 빼고 財布라고 합니다.
15 ここに置いてあった黒いかばん은 직역하면 '여기에 놓여 있던 검은 가방'이 됩니다.

39 助けを求める 도움을 청하다

16 終バスが行ってしまったんですが、近くの駅ま
で送っていただけませんか。

17 ビニール袋をもらえますか。

18 病院へ連れていってください。

19 誰か、その人を捕まえてください。

20 今日泊まる所が見付からないんですが、どこ
か紹介していただけませんか。

❀단어

16 終バス[しゅうバス] 막차 버스 行く[いく] 가다 近く[ちかく] 근처, 가까이 駅[え
き] 역 送る[おくる] 바래다주다
17 ビニール袋[ビニールぶくろ] 비닐봉지
18 病院[びょういん] 병원 連れていく[つれていく] 데려가다
19 誰か[だれか] 누군가 人[ひと] 사람 捕まえる[つかまえる] 잡다
20 今日[きょう] 오늘 泊まる[とまる] 묵다, 숙박하다 所[ところ] 곳 見付かる[みつ
かる] 찾아지다, 발견되다 紹介[しょうかい] 소개

39.mp3

16 막차가 가 버렸는데, 가까운 역까지 바래다 주실 수 없습니까?

17 비닐봉지를 주시겠어요?

18 병원으로 데려가 주세요.

19 누가 그 사람을 잡아 주세요.

20 오늘 묵을 곳을 찾지 못하겠는데, 어디 소개해 주실 수 없습니까?

🌸 표현

16 전철의 '막차'는 終電[しゅうでん]이라고 합니다.
20 泊まる所が見付からないんですが는 직역하면 '묵을 곳이 찾아지지 않는데요, 묵을 곳이 발견되지 않는데요'가 됩니다.

39 助けを求める 도움을 청하다

21 助けて！

22 泥棒！

23 誰か来て！

24 火事だ！

25 消防車を呼んでください。

🌸단어

21 助ける[たすける] 살리다, 구하다
22 泥棒[どろぼう] 도둑
23 誰か[だれか] 누군가 来て[きて] 와 줘, 오고, 와서
24 火事[かじ] 화재
25 消防車[しょうぼうしゃ] 소방차 呼ぶ[よぶ] 부르다

39.mp3

21 살려 줘!

22 도둑이야!

23 누가 좀 와 줘!

24 불이야!

25 소방차를 불러 주세요.

🌸 표현

23 직역하면 '누군가 와 줘'가 됩니다.

39 助けを求める 도움을 청하다

26 警察を呼んでください。

27 救急車を呼んでください。

28 離して！

29 危ない！

30 止まれ！

✿단어

26 警察[けいさつ] 경찰 呼ぶ[よぶ] 부르다
27 救急車[きゅうきゅうしゃ] 구급차
28 離す[はなす] 놓다, 떼다
29 危ない[あぶない] 위험하다
30 止まる[とまる] 멈추다

26 경찰을 불러 주세요.

27 구급차를 불러 주세요.

28 놔!

29 위험해!

30 멈춰!

🌸 표현

26 일본의 경찰서 전화번호는 110입니다. '110번'을 ひゃくとおばん이라고 부릅니다.
28 동사 て형이기 때문에 정확히는 '놔 줘'가 됩니다. 남자의 경우는 離せ[はなせ]라고 합니다.

男 すみませんが、写真を撮っていただけますか。

女 ええ、いいですよ。押すだけですよね。

男 はい、このシャッターを押すだけです。

女 じゃ、撮りますよ。はい、チーズ。

男 どうもありがとうございました。

女 いいえ。あのう、韓国の方ですか。

男 はい、そうです。

女 私、今韓国語を習ってるんですよ。韓国にも何度か行った
ことがあるんです。

男 ああ、そうですか。あのう、僕、旅行で来てるんですが、よろ
しかったら、ちょっと案内してもらえませんか。

女 ええ、いいですよ。ちょうど時間が空いてますから。

✽ 해석

남 죄송하지만, 사진을 찍어 주시겠습니까?

여 네, 좋아요. 누르기만 하면 되죠?

남 네, 이 셔터를 누르기만 하면 됩니다.

여 그럼, 찍을게요. 자, 김치~.

남 정말 감사합니다.

여 아니요. 저어, 한국 분이세요?

남 네, 그렇습니다.

여 저, 지금 한국어를 배우고 있거든요. 한국에도 몇 번 간 적이 있구요.

남 아아, 그렇군요. 저어, 전 여행 와 있는데요, 괜찮으시다면 좀 안내해 줄 수 있나요?

여 네, 좋아요. 마침 시간이 비어 있으니까요.

✽단어

写真[しゃしん] 사진　撮る[とる] 찍다　押す[おす] 누르다　韓国[かんこく] 한국　方[か
た] 분　私[わたし] 저, 나　今[いま] 지금　韓国語[かんこくご] 한국어　習う[ならう] 배
우다　何度か[なんどか] 몇 번인가　行く[いく] 가다　僕[ぼく] 나(남자)　旅行[りょこう]
여행　来て[きて] 오고, 와서　案内[あんない] 안내　時間[じかん] 시간　空く[あく] 비다

❖아하, 일본에서는!

강도들이 사용할 만한 말

한 10년 정도 된 것 같은데, 미국으로 유학 간 일본 고등학생이 할로윈 데이에
어떤 집을 찾아갔다고 합니다. 그런데 그 집 주인이 이상한 아시아 사람이 자
기 집에 불법 침입해 왔다고 총을 들고 "Freeze움직이지 마"라고 했는데, 유학생
이 못 알아듣고 다가가다가 총을 맞아 죽은 사건이 있었습니다. 이런 일이 있으
면 안 되겠죠. 요새 어디서 어떤 일이 일어날지 알 수 없는 세상이니, 강도들이
할 만한 말을 살펴봅시다.

動[うご]くな 움직이지 마　　　手[て]を上[あ]げろ 손 들어
金[かね]を出[だ]せ 돈 내놔　　金[かね]をよこせ 돈 줘
ひざまずけ 무릎 꿇어　　　　下[さ]がれ 물러서
来[く]るな 오지 마　　　　　あっちへ行[い]け 저리 가
出[で]ていけ 나가　　　　　　そいつを渡[わた]せ 그것을 이리 내놔
伏[ふ]せろ, うつ伏[ぶ]せになれ 엎드려

감정을 나타낼 때
쓰는 표현

여기에서는 여러 가지 감정표현에 쓰이는 말과 그 감정과 관련이 깊은 행동들을 정리해 보겠습니다. 일반적인 일본어 학습서에는 잘 안 나와 있는 것들이 많으니 애니메이션이나 드라마, 영화를 볼 때 도움이 될 거예요.

1장 홈희

여기에서는 기쁨이나 감사 등 긍정적인 감정표현과 감사의 표현, 칭찬의 표현들을 정리하겠습니다. 일본사람들은 이런 말을 할 때, 즉 상대방을 기분 좋게 만들어 주는 말을 할 때 오버하는 경향이 있어요. 한국 사람과 다른 점이죠. 의식적으로 약간 과장되게 표현해 보세요. 그리고 일본에서는 감사 인사를 꼬박꼬박 하는 것이 좋습니다. '말 안 해도 알지'라는 식으로 생각하지 마세요.

喜[き] 희

40 喜び 기쁨

01 連れていってくれるの?うれしい!

02 やった!ヤマが当たった!

03 わーい!勝った!万歳!

04 よし!うまくいった!

05 握手までしてもらえて、ラッキー!

 단어

喜び[よろこび] 기쁨
01 連れていく[つれていく] 데려가다, 데리고 가다　うれしい 기쁘다
02 ヤマ 예상, 짐작　当たる[あたる] 맞다, 들어맞다
03 勝つ[かつ] 이기다　万歳[ばんざい] 만세
04 うまくいく 잘 되다, 잘 풀리다
05 握手[あくしゅ] 악수

O1 데려가 주는 거야? 기뻐!

O2 앗싸! 찍은 게 맞았어!

O3 야아! 이겼다! 만세!

O4 좋아! 잘 됐다!

O5 악수까지 받아서, 럭키!

표현

02 ヤマ는 한자로 山인데, '짐작하는 것, 찍은 것'을 뜻할 때는 가타카나로 쓰는 경우가
많습니다. ヤマが当たる의 반대말은 ヤマが外[はず]れる 예상이 빗나가다입니다. 참
고로 '예상하다, 찍다'라고 할 때는 ヤマをはる라고 합니다.
05 ラッキー의 반대말은 アンラッキー입니다.

40 喜び 기쁨

06 うっそー！私が合格?!

07 こんなに大事にしてもらえて、本当に幸せ。

08 10年ぶりの高校訪問！懐かしい！

09 どこにもけがをしていない。ああ、よかった。

10 なあんだ。それを聞いてほっとした。

🌸단어

06 うそ 거짓말　私[わたし] 나, 저　合格[ごうかく] 합격
07 大事な[だいじな] 소중한, 중요한　本当に[ほんとうに] 정말로　幸せ[しあわせ] 행복, 행복함
08 10年[じゅうねん] 10년　〜ぶり 〜만에　高校[こうこう] 고교, 고등학교　訪問[ほうもん] 방문　懐かしい[なつかしい] 그립다
09 けが 부상, 상처
10 聞く[きく] 듣다　ほっとする 한숨 놓다, 안심하다

O6 진짜?! 내가 합격이라고?!

O7 이렇게 아껴 줘서, 정말 행복해.

O8 10년만의 고등학교 방문이야! 반갑네!

O9 아무도 다치지 않았네. 아아, 다행이다.

1O 뭐야, 그렇구나. 그걸 듣고 한숨 놓았어.

🌸 표현

06 '진짜?!', '정말?!'이라고 할 때는 うそ라는 말을 많이 씁니다. '거짓말 같다, 믿어지지 않을 정도로 놀랍다'라는 뜻에서 나온 말입니다. うそ!라고도 하고, 강조해서 うっそー! 라고도 합니다.

07 こんなに大事にしてもらえて는 직역하면 '이렇게 소중히 해 받아서'가 됩니다.

09 '다치다, 부상을 입다'를 けがをする라고 합니다. よかった는 직역하면 '좋았다'인데, '다행이다'의 뜻으로도 씁니다.

10 何[なん]だ 뭐다는 감탄사처럼 쓰여서 뜻밖의 일에 실망하거나 안심한 심정을 나타냅니다. なあんだ는 何だ를 강조하여 길게 발음한 것입니다.

회화로 익히기

男 舞あてにハガキが来てたよ。

女 あ、ありがとう。うっそー！私が合格?!

男 何？

女 モデルの募集をしてたから、冗談半分で写真送ったら、合格したの。

男 へえ、それはすごいね。じゃ、お祝いに今日は外に食べに行こう。

女 外食に連れていってくれるの？うれしい！

✽ 해석

남 마이 앞으로 엽서가 왔었어.

여 아, 고마워. 진짜? 내가 합격이라고?!

남 뭐야?

여 모델 모집을 하고 있어서, 반 농담으로 사진 보냈더니 합격했거든.

남 어, 그거 대단하네. 그럼, 축하선물로 오늘은 밖에 먹으러 가자.

여 외식하러 데려가 주는 거야? 기뻐!

✽단어

~あて ~앞 ハガキ 엽서 来て[きて] 오고, 와서 私[わたし] 나, 저 合格[ごうかく] 합격 何[なに] 무엇 募集[ぼしゅう] 모집 冗談半分[じょうだん はんぶん] 농담 반, 반 농담 写真[しゃしん] 사진 送る[おくる] 보내다, 부치다 祝い[いわい] 축하, 축하선물 今日[きょう] 오늘 外[そと] 밖 食べる[たべる] 먹다 行く[いく] 가다 外食[がいしょく] 외식 連れていく[つれていく] 데려가다, 데리고 가다

✽표현

ハガキ는 한자로 쓰는 경우도 있는데, 葉書라고 씁니다.

❖ 아하, 일본에서는!

기쁨을 나타내는 말, 한 걸음 더!

やった 앗싸를 강조해서 やったー로 길게 발음할 수도 있고, 또 약간 거친 말투로 남자가 주로 씀 やりー, やりい, やりーい로 발음하기도 합니다.

よし 좋아의 경우, 강조해서 よーし라고도 하고 더 강조해서 よっしゃー라고도 합니다. 상황에 따라서 '좋았어', '됐어'로 해석되기도 합니다.

うそ 거짓말 같은 경우, 강조하면 위에서 배운 것과 같이 うっそー라고도 하고 うそっ라고도 합니다. 또 단독으로 쓰이기도 하지만, 뒤에 本当[ほんとう]? 정말? 또는 まじ? 진짜?: 속어라는 말을 덧붙이기도 합니다.

幸せ 행복해의 뜻으로 ハッピー happy라는 말도 많이 씁니다.

41 感謝 감사

01 サンキュー。

02 いいアドバイス、ありがとう。

03 心配してくださって、ありがとうございます。

04 手伝ってもらって助かりました。

05 こんな物をいただいて恐縮です。

🌸단어

感謝[かんしゃ] 감사
03 心配[しんぱい] 걱정
04 手伝う[てつだう] 돕다 助かる[たすかる] 살아나다, 목숨을 건지다, 도움이 되다
05 物[もの] 것, 물건 恐縮[きょうしゅく] 황송하게 여김

O1 땡큐.

O2 좋은 어드바이스, 고마워.

O3 걱정해 주셔서 감사합니다.

O4 도와주셔서 정말 감사합니다.

O5 이런 것을 주셔서 황송합니다.

❀ **표현**

04 직역하면 '도와 받아서 살아났습니다'가 됩니다.
05 こんな物をいただいては 직역하면 '이런 것을 받아서'가 되는데, もらう가 아니라 いただく라는 공손한 말이 쓰였다는 느낌을 살리려고 '주셔서'로 해석했습니다.

먼저 오디오를 듣고 따라 말해 보세요!

41 感謝 감사

06 長い間どうもお世話になりました。

07 たくさんのことを学ばせていただきました。

08 おかげ様で、無事に着きました。

09 このご恩は一生忘れません。

10 あなたは命の恩人です。

🌸단어

06 長い[ながい] 길다　間[あいだ] 사이, 동안　世話になる[せわになる] 신세를 지다
07 学ぶ[まなぶ] 배우다
08 おかげ様で[おかげさまで] 덕분에　無事に[ぶじに] 무사히　着く[つく] 도착하다
09 恩[おん] 은혜　一生[いっしょう] 평생, 일생　忘れる[わすれる] 잊다
10 命[いのち] 생명, 목숨　恩人[おんじん] 은인

06 오랫동안 신세 많이 졌습니다.

07 많은 것을 배웠습니다.

08 덕분에 무사히 도착했습니다.

09 이 은혜는 평생 잊지 않겠습니다.

10 당신은 생명의 은인입니다.

✿ 표현

07 직역하면 '많은 것을 배우게 해 받았습니다'가 됩니다. いただきました라는 공손한
말을 살려서 번역하려면 '많은 것을 가르쳐 주셨습니다'라고 해도 됩니다.
08 おかげ様는 한자를 御蔭様로 쓰는데, 상용한자가 아니라서 히라가나로 썼습니다.

男 村田さん、長い間どうもお世話になりました。

女 いよいよ出発ですか。

男 はい。明日、オランダに向かいます。

女 ユンさんがいなくなると寂しくなりますよ。

男 村田さんには、たくさんのことを学ばせていただきました。
　ありがとうございました。

女 大変なことやつらいことがあったら、いつでも連絡ください
　ね。

男 心配してくださって、ありがとうございます。

女 それから、これ、よかったら持っていってください。日本の
　お箸です。向こうでは手に入れにくいと聞いたので。

男 こんな物をいただいて恐縮です。

✽해석

남 むらた씨, 오랫동안 신세 많이 졌습니다.

여 드디어 출발이군요.

남 네. 내일 네덜란드로 갑니다.

여 윤 씨가 없어지면 외로워지겠어요.

남 むらた씨에게는 많은 것을 배웠습니다. 감사합니다.

여 힘든 일이나 괴로운 일이 있으면 언제든지 연락 주세요.

남 걱정해 주셔서 감사합니다.

여 그리고 이것, 괜찮으면 가져가세요. 일본 젓가락이에요. 그쪽에서는 손에 넣기 어렵다고 들어서요.

남 이런 것을 주셔서 황송합니다.

넷째마당

1주

애

✽단어

長い[ながい] 길다 間[あいだ] 사이, 동안 世話になる[せわになる] 신세를 지다 出発[しゅっぱつ] 출발 明日[あした] 내일 向かう[むかう] 향하다, 향해 가다 寂しい[さびしい] 외롭다, 쓸쓸하다 学ぶ[まなぶ] 배우다 大変な[たいへんな] 힘든 連絡[れんらく] 연락 心配[しんぱい] 걱정 持つ[もつ] 가지다, 들다 日本[にほん] 일본 箸[はし] 젓가락 向こう[むこう] 저쪽, 그쪽 手[て] 손 入れる[いれる] 넣다 聞く[きく] 듣다 物[もの] 것, 물건 恐縮[きょうしゅく] 황송하게 여김

❖ 아하, 일본에서는!

감사 표현과 사과 표현은 과하다 싶을 정도로 쓰세요!

제가 한국에 와서 얼마 되지 않았을 때 주변에서 자주 '뭐가 고마워', '뭐가 미안해'라는 말을 들었습니다. 제가 툭 하면 '고맙다', '미안하다'라는 말을 했기 때문인데, 그게 일본에서는 당연한 일이어서 한국에서도 그랬던 거예요. 일본에서는 가족끼리라도 어디가 살짝 부딪치면 '미안'이라는 인사를 합니다. '고맙다'는 인사도 마찬가지예요. 별거 아니더라도 다른 사람이 나에게 뭐가를 해 주면 습관처럼 ありがとう라는 말이 입에서 나옵니다.

그래서 어떤 사람이 이런 말을 하더군요. 일본 사람들은 툭 하면 고맙다고 하고 툭 하면 미안하다고 하는데, 정말로 진심으로 그렇게 생각해서 그 말을 하는 경우는 그리 많지 않은 것 같다고요. 한국 사람들은 친할수록 '고맙다', '미안하다'와 같은 말을 할 필요가 없다고 생각하는 것 같더군요. 친하기 때문에 말을 안 해도 서로 잘 안다는 생각이죠. 친한 사이에서 그런 말을 하는 것이 오히려 거리감을 느끼게 되어 섭섭하게 생각하는 거겠죠. 그렇지만 일본은 다르니까 일본에 가시면 감사 표현과 사과 표현은 신경 써서 잘 하시는 것이 좋습니다.

42 称賛 칭찬

01 すごい！うまい！

02 きれい！

03 かわいい！

04 かっこいい！

05 素晴らしいですね。

단어

称賛[しょうさん] 칭찬
05 素晴らしい[すばらしい] 훌륭하다

OI 대단해! 잘한다!

O2 아름답다!

O3 예쁘다!

O4 멋지다!

O5 훌륭하네요.

✿ 표현

02 きれい는 '예쁘다'라는 뜻으로 쓰이는데, '아름답다'에 가까운 '예쁘다'입니다. '예쁘다'로 표현되는 것의 대부분은 かわいい로 씁니다.

03 かわいい에는 '귀엽다'와 '예쁘다'의 두 가지 뜻이 있습니다.

42 称賛 칭찬

06 さすが！

07 やるね！

08 いい子だね。

09 なるほど、よく考えましたね。

10 大したものですね。

단어

08 子[こ] 아이, 자식
09 考える[かんがえる] 생각하다
10 大した[たいした] 놀랄 만한, 대단한, 굉장한

06 역시!

07 잘하네!

08 (어린 아이에게) 착하네.

09 과연, 잘 생각했네요.

10 놀랍네요.

✿ 표현

06 さすがは '과연, 역시'로 해석되는데, 평판이나 기대대로임을 확인하고 새삼 감탄하는 경우에 쓰입니다.

07 やる는 '하다'라는 뜻이므로 직역하면 '하는구나!' 정도가 되는데, '잘한다, 제법 한다'의 뜻으로 쓰입니다.

08 직역하면 '좋은 아이네'가 됩니다.

10 해석은 '놀랍네요'뿐만이 아니라, '대단하네요, 굉장하네요'로도 가능합니다.

男 すごい！

女 うまい！

男 さすがプロだね。

女 かっこいいなぁ。

男 これでまた勝負の行方がわからなくなったね。

女 逆転っていうこともあるかもね。

✻해석

남 대단해!

여 잘한다!

남 과연 프로네.

여 멋지다～.

남 이걸로 또 승부의 행방을 알 수 없게 됐네.

여 역전이라는 것도 있을지 몰라.

✽ 단어

勝負[しょうぶ] 승부　行方[ゆくえ] 전망, 행방　逆転[ぎゃくてん] 역전

❖ 아하, 일본에서는!

칭찬을 나타내는 말, 한 걸음 더!

すごい는 강조해서 すっごい라고도 합니다. 남자들이 쓰는 거친 말투로는 す げえ가 되고 이를 강조하면 すっげー가 됩니다.

うまい라는 말에는 '잘한다'의 뜻도 있지만 '맛있다'의 뜻도 있습니다. '맛있 다'로는 おいしい라는 말을 먼저 배우셨을 텐데 うまい는 거친 말투입니다.

かわいい는 강조하면 かっわいい가 됩니다. 강조할 때는 주로 っ가 들어가 거나 소리가 길어집니다.

さすが를 강조하면 さすがー와 같이 길게 발음됩니다.

2장　怒 노

여기에서는 화가 났을 때 쓸 만한 표현들을 살펴보겠습니다. '분노'와 '질책'으로 나누었는데 '분노'에서는 반말만 나옵니다. 일본 사람들은 남들 앞에서 화를 내는 일이 별로 없어요. 그래서 여기에서 배우는 말을 실제로 들어볼 기회는 그리 많지 않겠지만 만화책이나 드라마, 영화에서는 들어 볼 기회가 많이 있을 거예요.

怒[ど] 노

43 怒り 분노

01 ちぇっ。

02 ふんっ!

03 ちくしょう!

04 くそ!今に見てろよ。

05 このくそったれ!

단어

怒り[いかり] 분노
04 今に[いまに] 이제 곧, 머지않아　見る[みる] 보다

43.mp3

01 쳇.

02 흥!

03 이런 빌어먹을!

04 제기랄! 두고 봐라.

05 이 빌어먹을 놈!

🌸 표현

05 직역하면 '이 똥 쌀 놈'くそ: 똥/たれる: 떨어지다, 늘어뜨리다이 됩니다. 이 말은 쓸 때는
くそたれ로 쓰지만, 발음할 때는 くそったれ로 발음하는 경우가 많습니다.

43 怒り 분노

06 この野郎。

07 バカ野郎。

08 まったくもう。

09 てめえ!

10 悔しい!

단어

06 **野郎[やろう]** 새끼, 놈, 자식
07 **バカ** 바보
10 **悔しい[くやしい]** 분하다

43.mp3

O6 이 새끼.

O7 멍청한 자식.

O8 아이 참.

O9 너 이 자식!

1O 분하다!

🌸 표현

07 직역하면 '바보 자식'이 됩니다. バカ는 한자를 馬鹿로 쓰는데, 가타카나나 히라가나 ばか로 쓰는 경우가 많습니다. 이 말이 엄청 심한 욕인 줄 아는 사람들이 많은 것 같은데 그렇게까지 심한 욕은 아닙니다.

09 원래는 手前[てまえ]너라는 말인데 발음이 거칠어져서 てめえ가 된 것입니다. 가타카나 テメエ로 쓰는 경우도 있습니다.

43 怒り 분노

11 ずるい。

12 うるさい!

13 何だよ!

14 何だと!

15 冗談じゃない!

단어

13 何だ[なんだ] 뭐다
15 冗談[じょうだん] 농담

43.mp3

11 교활해.

12 닥쳐!

13 뭐야!

14 뭐라고!

15 웃기지 마!

❀ 표현

13 여자의 경우는 だ를 빼고 何[なに]よ라고 하는 경우가 많습니다.

14 여자의 경우는 何ですって라고 합니다.

15 직역하면 '농담이 아니다'가 됩니다. '농담으로도 그런 소리는 하지 마라'에서 나온 말로, 거칠게 말하면 冗談じゃねえ가 됩니다.

43 怒り 분노

16 イライラする。

17 ムカつく。

18 ほんとに嫌んなる!

19 もうたくさんだ!

20 もううんざりだ。

16 짜증나.

17 열 받네.

18 정말 싫어져!

19 이제 됐어!

20 이제 지겹다.

🌸 표현

16 히라가나로 いらいらする라고도 씁니다.

18 ほんとに는 本当[ほんとう]に의 준말입니다. 嫌んなる는 嫌[いや]になる 싫어지다 의 구어체입니다.

19 직역하면 '이제 충분하다'가 되는데, '더 이상 필요 없다, 더는 하지 마라'라는 뜻입니다. 여자의 경우는 だ를 빼고 もうたくさん이라고 하면 됩니다.

20 うんざり는 부사입니다. 보통 うんざりする의 형태로 쓰이는데, うんざりだ의 형태로도 많이 쓰입니다. 여자의 경우는 だ를 빼고 もううんざり라고 하면 됩니다.

43 怒り 분노

21 馬鹿らしい。

22 なんで私ばっかりこんな思いするの？

23 こんなはずじゃなかった！

24 もう勘弁してよ。

25 もう絶対に許せない。

🌸단어

21 馬鹿[ばか] 바보
22 私[わたし] 나, 저 思い[おもい] 느낌, 경험
23 ～はず ～할 리, ～할 터
24 勘弁[かんべん] 용서
25 絶対に[ぜったいに] 절대로 許す[ゆるす] 용서하다, 허락하다

43.mp3

21 시시해.

22 왜 나만 이런 일을 당하는 거야?

23 이렇게 될 일이 아니었어!

24 이제 그만 해라.

25 이제 절대로 용서 못 해.

✿ 표현

21 비슷한 말로 あほらしい도 있습니다. 또 비슷해 보이는 말로 馬鹿みたい가 있는데, 이것은 '바보 같다'라는 뜻입니다.

22 ～ばっかりは ～ばかり～만를 강조한 말입니다. 직역하면 '왜 나만 이런 느낌을 받게 되는 거야?' 정도가 됩니다.

23 '당연히 이렇게 될 것이다'라고 생각했던 것이 그렇게 안 됐을 때 쓰는 말입니다.

24 '이제 용서해 줘'라는 뜻으로도 쓰입니다. 화가 났을 때 쓰면 '이제 지긋지긋하니까 나를 놓아 줘라'의 뜻이 됩니다.

43 怒り 분노

26 消え失せろ！

27 こいつ、使えない！

28 かかってこい！

29 ほっとけ！

30 勝手にしろ！

 단어

26 消え失せる[きえうせる] 사라져 없어지다
27 使う[つかう] 쓰다, 사용하다
28 かかる 덤벼들다, 공격하다
30 勝手[かって] 제멋대로 굶

26 꺼져!

27 이 자식, 도움이 안 돼!

28 덤벼!

29 내버려 둬!

30 멋대로 해라!

🌸 표현

27 어떤 사람이 능력이 없어서 그 사람을 '쓰지 못한다, 쓸 만한 사람이 못 된다'의 뜻으로 쓰는 말입니다.

28 かかる는 한자를 掛かる로 쓰는데, '덤벼들다'의 뜻으로 쓸 때는 히라가나로 쓰는 경우가 더 많아서 히라가나로 표기했습니다.

29 ほっとけ는 放[ほう]っておけ의 생략체로, 다른 사람에 대해 '걔는 내버려 둬'라고 하는 경우에 씁니다. '(나를)내버려 둬'라고 할 때는 ほっといて, ほっといてくれ남자가 씁니다고 합니다.

30 여자의 경우는 勝手にして나 勝手にしなさい 등으로 씁니다.

男 テメエ、何やってんだよ！

女 何よ。その言い方。

男 何度言ったらわかるんだよ。俺の机の上は触るなよ。

女 あんまり汚いから、ちょっと片付けただけよ。

男 何だと！俺の机なんだから、俺の好きに使っていいだろう。

女 もう少しきれいに使ってよ。一緒に住んでる人の身にもなってよ。ほんとに嫌んなる！

男 触られるとどこに何があるかわからなくなるんだよ。触るなと言われたら触るな。このバカ！

女 なんで私ばっかりこんな思いするの？もう嫌だ。出ていく。

男 勝手にしろ！

✽ 해석

남 이 새끼, 뭐 하는 거야!

여 뭐야. 그 말투.

남 몇 번 말해야 아는 거야. 내 책상 위는 손대지 마.

여 너무 지저분하니까 좀 정리한 것뿐이야.

남 뭐라고! 내 책상이니까 내 마음대로 써도 되잖아.

여 좀 더 깨끗이 써. 같이 사는 사람의 처지도 생각해. 정말 싫증나!

남 누가 손대면 어디에 뭐가 있는지 모르게 된단 말이야. 손대지 말라는 말을 들었으면 손대지 마.
이 바보야!

여 왜 나만 이런 일을 당하는 거야? 이제 싫어. 나갈게.

남 맘대로 해!

✻단어

何[なに/なん] 무엇　言い方[いいかた] 말투　何度[なんど] 몇 번　言う[いう] 말하다　俺[おれ] 나(남자)　机[つくえ] 책상　上[うえ] 위　触る[さわる] 손대다, 만지다　汚い[きたない] 더럽다　片付ける[かたづける] 치우다, 정리하다　好きな[すきな] 좋아하는　使う[つかう] 사용하다　もう少し[もうすこし] 좀 더　一緒に[いっしょに] 함께, 같이　住む[すむ] 살다　人[ひと] 사람　身[み] 처지, 몸　嫌な[いやな] 싫은　私[わたし] 나, 저　思い[おもい] 느낌, 기분　出る[でる] 나가다, 나오다　勝手[かって] 제멋대로　굴

❖ 아하, 일본에서는!

'마음대로 해'는 무서운 말!

勝手にしろ 멋대로 해라는 말이 나왔는데, 이는 '맘대로 해라'라고 해석할 수도 있습니다. 부드러운 명령으로는 勝手にしなさい 손아랫사람에게 쓰는 말라고 할 수도 있습니다. 또 동사 て형을 써서 勝手にして 맘대로 해, 맘대로 해 줘라고 할 수도 있습니다. 그런데 한국어와 달리 일본어에서는 어떤 형태로 써도 매우 기분 나쁜 말입니다. 이런 말은 '네 멋대로 해라'라고 화자가 화가 난 상태에서 하는 말입니다.

제가 맨 처음 한국에 왔을 때 1년 동안 아는 사람 집에서 하숙을 했는데, 그때 그 집 아주머니가 저에게 '맘대로 해'라는 말을 쓰신 적이 있습니다. 저에게 제가 좋을대로 하라고 하신 거였죠. 그렇지만 한국어를 잘 못하던 저는 그 말을 일본어 勝手にしなさい로 이해하고는 제 방에 올라가서 몰래 혼자 울었어요. '당신이 좋도록 해'라는 뜻으로 쓰고 싶을 때는 好[す]きにしなさい, 好きにして라고 하세요. 다만 이것도 말투에 따라서는 화가 나서 하는 말일 수 있으므로 好きにしていいよ라고 하는 것이 좋습니다.

44 叱責 질책

01 こらっ！何をしてるんだ！

02 やめろ！

03 嘘つけ！

04 ふざけるな！

05 ぼーっとしてるな！

단어

叱責[しっせき] 질책
01 こら 이놈, 야　何[なに] 무엇
02 やめる 그만두다
03 嘘[うそ] 거짓말　つく (거짓말을)하다
04 ふざける 깔보다, 놀리다, 장난치다
05 ぼうっと 멍한 모양

44.mp3

01 이놈! 뭘 하는 거야!

02 그만 해.

03 거짓말하지 마라.

04 까불지 마!

05 멍하니 있지 마라!

❀ 표현

01 여자의 경우는 주로 何をしてるの!라고 합니다.
02 여자의 경우는 やめて라고 하면 됩니다.
03 직역하면 '거짓말해라'가 되는데, 뜻은 '거짓말하지 마라'입니다.
04 여자의 경우는 ふざけないで라고 하면 됩니다.
05 사전적으로는 ぼうっと로 쓰는데, 일상적으로는 ぼーっと로 쓰는 경우가 많습니다.

44 叱責 질책

06 いい加減にしろ。

07 もったいない。

08 もたもたするな！

09 からかうなよ。

10 それはひどいよ。

🌸단어

06 いい加減[いいかげん] 적당함, 어지간함
08 もたもた 어물어물, 우물쭈물
09 からかう 놀리다, 조롱하다
10 ひどい 너무하다, 심하다

44.mp3

O6 어지간히 해라.

O7 아까워.

O8 어물거리지 마라!

O9 놀리지 마.

1O 그건 너무해.

🌸 표현

06 いい加減にしろ는 남자가 쓰는 말투이고, 여자가 쓸 때는 주로 いい加減にして의
형태가 됩니다. 또 손아랫사람에게 쓰는 말투 부드러운 명령는 いい加減にしなさい가
되는데, 이 표현은 남녀 모두 사용합니다.
08 여자의 경우는 もたもたしないで라고 하면 됩니다.
09 여자의 경우는 からかわないで라고 하면 됩니다.

44 叱責 질책

11 バカな真似はするな！

12 ちゃんとしなさい、ちゃんと！

13 やることが遅すぎるよ。

14 ゲームばかりしてないで、ちょっとは勉強しなさい。

15 こんな事をするなんて、まったく何を考えてるんだ！

🌸단어

11 真似[まね] 짓, 흉내
12 ちゃんと 제대로, 확실히
13 遅い[おそい] 느리다, 늦다
14 勉強[べんきょう] 공부
15 事[こと] 일 まったく 정말로, 참으로, 전혀 何[なに] 무엇 考える[かんがえる] 생각하다

44.mp3

11 바보 같은 짓은 하지 마라!

12 제대로 해라, 제대로!

13 하는 게 너무 느려.

14 게임만 하지 말고 조금은 공부해라.

15 이런 짓을 하다니, 정말 뭘 생각하는 거야!

🌼 표현

11 여자의 경우는 バカな真似はしないで라고 하면 됩니다.
13 ～すぎる는 '너무 ～하다, 지나치게 ～하다'라는 뜻입니다.
14 ～ばかり는 '～만, ～뿐'이라는 뜻입니다.
15 ～なんては '～라니, ～다니'라는 뜻입니다. 여자의 경우는 끝부분을 考えてるの라고 하면 됩니다.

44 叱責 질책

16 何でこんな事をしたんだ。

17 言い訳なんか聞きたくない。

18 君、自分が何をやったかわかってるのか。

19 君には責任感というものがないのか。

20 とんでもないことをやってくれたね。

🌸단어

16 何で[なんで] 왜 事[こと] 일
17 言い訳[いいわけ] 변명 聞く[きく] 듣다
18 君[きみ] 자네, 그대 自分[じぶん] 자기, 자신 何[なに] 무엇
19 責任感[せきにんかん] 책임감
20 とんでもない 어처구니없다, 터무니없다

16 왜 이런 짓을 한 거야?

17 변명 따윈 듣고 싶지 않아.

18 자네, 자신이 뭘 했는지 알고 있나?

19 자네에게는 책임감이라는 것이 없나?

20 어처구니없는 짓을 해 주었군.

❀ 표현

16 여자의 경우는 何でこんな事をしたの라고 하면 됩니다.
17 ～なんかは '～따위, ～같은 것'이라는 뜻입니다.

男 何でこんなことをしたんだ。

女 別にわざとしたんじゃなくて…。

男 言い訳なんか聞きたくない。

女 言い訳じゃなくて…。

男 君、自分が何やったかわかってるのか。

女 は…はい。

男 君には責任感というものがないのか。

女 責任感はあるつもりですけど…。

男 まったく何考えてるんだ。

✿ 해석

남 왜 이런 짓을 한 거야?
여 특별히 일부러 한 게 아니라….
남 변명 따윈 듣고 싶지 않아.
여 변명이 아니라….
남 자네, 자신이 뭘 했는지 알고 있나?
여 네, 네에.
남 자네에게는 책임감이라는 것이 없나?
여 책임감은 있다고 생각하는데….
남 정말 뭘 생각하는 거야.

✻ 단어

何で[なんで] 왜 別に[べつに] 특별히, 별로 言い訳[いいわけ] 변명 聞く[きく] 듣다
君[きみ] 자네, 그대 自分[じぶん] 자기, 자신 何[なに] 무엇 責任感[せきにんかん]
책임감 考える[かんがえる] 생각하다

❖ 아하, 일본에서는!

질책을 나타내는 말, 한 걸음 더!

やめろ그만해는 매우 거친 말이라서 친한 친구에게도 이 말을 쓸 때는 화가 났을 때입니다. 화가 난 것이 아니라면 뒤에 よ를 붙여서 やめろよ라고 하면 됩니다. 그런데 여자는 보통 이렇게 쓰지 않고 やめて, やめてよ라고 합니다. よ 없이 やめて라고 하는 것도 화를 내는 것이 아닌 경우에도 쓸 수 있습니다.

嘘つけ거짓말하지 마라라는 표현이 나왔는데, 嘘つくな(よ)라고도 할 수 있습니다. 어투는 嘘つけ가 더 강하지요.

ふざけるな를 더 강하고 거칠게 말하면 ざけんな가 됩니다. 어두의 ふ가 생략되고 る가 ん으로 바뀐 것이지요. 구어체에서 뒤에 な행 소리가 이어질 때 る가 ん으로 바뀌는 경우가 종종 있습니다.

もったいない아깝다라는 말이 나왔는데, 이 말은 '과분하다, 황송하다'의 뜻으로도 쓰입니다. 예를 들어 もったいないお言葉과분한 말씀와 같은 표현이 있는데, 이것도 '저에게는 아까운 말'이라는 뜻에서 나온 것이지요.

3장 哀애

여기에서는 '슬픔'과 '사죄'에 관한 표현을 살펴보겠습니다. '슬픔'을 나타내는 말은 일상적으로 많이 사용할 만한 것을 중심으로 정리하다 보니 슬픔뿐만이 아니라 '괴로움', '실망'등도 포함되어 있습니다. '사죄'는 '애'에 속할까 잠깐 고민하기도 했는데 사죄하는 일이 생길 때는 미안한 마음, 곤란한 심정이기 때문에 다른 감정 영역에는 들어가지 못하고 역시 '애'가 맞는 것 같아 여기에서 함께 다루기로 했습니다.

哀[あい] 애

45 悲しみ 슬픔

01 悲しい。

02 一人じゃ寂しい。

03 もう泣きたいよ。

04 まったく、ついてない。

05 ゆううつ。

 단어

悲しみ[かなしみ] 슬픔
01 悲しい[かなしい] 슬프다
02 一人[ひとり] 혼자 寂しい[さびしい] 외롭다, 쓸쓸하다
03 泣く[なく] 울다
04 まったく 정말로, 참으로 つく 행운이 따르다, 재수가 있다

45.mp3

O1 슬퍼.

O2 혼자서는 외로워.

O3 이제 울고 싶어.

O4 정말, 운이 없네.

O5 우울해.

❀ 표현

03 '울다'에는 鳴[な]く라는 단어도 있습니다. 泣く는 사람이 울 때, 鳴く는 동물이나 곤충이 울 때 씁니다.

04 ついてない는 ついていない의 い가 생략된 말로, '운이 없다, 운수가 사납다, 수 가 없다'라는 뜻입니다.

05 ゆううつ는 한자를 憂鬱로 씁니다. 매우 어려운 한자인데도 일상적으로 한자를 쓰 는 경우도 꽤 있습니다. 일본 사람들도 보면 읽을 수 있는데 쓰라면 쓰지 못하는 사 람이 많을 거예요. 일상회화에서는 ゆううつ를 줄여서 ウツ/うつ라고 하는 경우 도 많습니다.

45 悲しみ 슬픔

06 言葉がわからなくて、日本での生活がつらい。

07 どうしよう。もうどうしたらいいかわからない。

08 あ～あ、明日からまた仕事かあ。

09 実物を見て、がっかりした。

10 しょうがない。もうあきらめるしかない。

🌸 단어

06 言葉[ことば] 말 日本[にほん] 일본 生活[せいかつ] 생활 つらい 괴롭다
08 明日[あした] 내일 仕事[しごと] 일
09 実物[じつぶつ] 실물 見る[みる] 보다 がっかりする 실망하다, 맥이 풀리다
10 しょうがない 어쩔 수 없다, 할 수 없다 あきらめる 포기하다

45.mp3

06 말을 이해하지 못해서 일본에서의 생활이 괴롭다.

07 어떡하지? 이제 어떻게 하면 좋을지 모르겠어.

08 어휴~, 내일부터 또 일이구나.

09 실물을 보고 실망했다.

10 어쩔 수 없네. 이제 포기할 수밖에 없어.

표현

10 しょうがない는 しようがない의 구어체입니다. しようがない는 한자로 쓰면 仕様
がない가 되는데 히라가나로 쓰는 경우가 많습니다. 같은 뜻을 나타내는 말로 仕
方[しかた]がない도 있습니다. あきらめる는 한자를 諦める로 쓰는데 한자로 쓰
는 경우도 많습니다.

男 あ～あ。

女 どうしたの？

男 今日で休みもおしまい。明日からまた仕事かあと思ってね。

女 休みが長かったからね。

男 それより、今担当してる仕事があんまり大変で、正直つらいんだ。

女 そんなに大変なの？

男 うん。もう泣きたいよ。それに、新しく来た上司がちょっとね。まったくついてないよ。

女 そんなに嫌なら仕事辞める？

男 辞めたら生活はどうするんだよ。

女 私が働くよ。

✽해석

남 어휴～.

여 왜 그래?

남 오늘로 휴일도 끝이네. 내일부터 또 일이구나 싶어서 말이야.

여 휴일이 길었으니까.

남 그것보다 지금 담당하는 일이 너무 힘들어서, 솔직히 괴롭거든.

여 그렇게 힘든 거야?

남 응. 정말 울고 싶어. 게다가 새로 온 상사가 좀 그래. 정말 운이 없어.

여 그렇게 싫다면 일 그만둘래?

남 그만두면 생활은 어떻게 하라고.

여 내가 일할게.

✽ 단어

今日[きょう] 오늘 休み[やすみ] 휴일, 쉬는 날 明日[あした] 내일 仕事[しごと] 일 思う[おもう] 생각하다 長い[ながい] 길다 今[いま] 지금 担当[たんとう] 담당 大変な[たいへんな] 힘든 正直[しょうじき] 솔직히 泣く[なく] 울다 新しい[あたらしい] 새롭다 来た[きた] 왔다 上司[じょうし] 상사 つく 운이 따르다, 운이 좋다 嫌な[いやな] 싫은 辞める[やめる] 그만두다 生活[せいかつ] 생활 私[わたし] 나, 저 働く[はたらく] 일하다

❖ 아하, 일본에서는!

일본의 황금연휴

일본의 황금연휴는 4월 말부터 5월 초 사이에 있는데, ゴールデンウィーク라고 합니다. 영어 Golden Week의 머리글자를 따서 GW로 표기하는 경우도 많습니다. 이 기간에 어떤 공휴일이 있는지 살펴봅시다.

4월 29일 : 昭和[しょうわ]の日[ひ] 쇼와의 날

　　　　　 * 昭和는 지금의 연호인 平成[へいせい] 전에 사용되던 연호입니다.

5월 3일 : 憲法記念日[けんぽう きねんび] 헌법기념일

5월 4일 : みどりの日[ひ] 녹색의 날

5월 5일 : こどもの日[ひ] 어린이날

일본에는 振替休日[ふりかえ きゅうじつ] 대체휴일라는 제도가 있어서 공휴일이 일요일과 겹치면 그 바로 뒤에 오는 평일이 휴일이 됩니다. 대체로 월요일이 대체휴일이 되는 경우가 많지만, 월요일이 공휴일인 경우는 화요일을 쉬게 됩니다. 그리고 공휴일과 공휴일 사이에 평일이 하루 끼게 되면, 그 날은 공휴일이 된다는 国民[こくみん]の休日[きゅうじつ] 국민의 휴일라는 제도도 있습니다.

46 謝罪 사죄

O1 遅れてごめん。

O2 間違えちゃった。ごめんなさい。

O3 お願いばかりして、すみません。

O4 この前はうっかりお返しするのを忘れて、申し訳ありませんでした。

O5 ご迷惑をおかけして申し訳ございませんでした。

🌸단어

謝罪[しゃざい] 사죄
01 遅れる[おくれる] 늦다 ごめん 미안
02 間違える[まちがえる] 틀리다, 잘못하다, 잘못 알다
03 お願い[おねがい] 부탁
04 この前[このまえ] 지난번, 요전 うっかり 깜빡, 무심코 返す[かえす] 돌려주다, 반납하다 忘れる[わすれる] 잊다 申し訳ない[もうしわけない] 죄송하다, 면목 없다
05 迷惑[めいわく] 폐

01 늦어서 미안.

02 착각해 버렸네. 미안해요.

03 부탁만 해서 죄송해요.

04 지난번에는 깜빡하고 돌려 드리는 것을 잊어서 죄송했습니다.

05 폐를 끼쳐 드려서 죄송합니다.

표현

01 '나쁘다'라는 뜻의 悪い[わるい]를 '미안'이라는 뜻으로 쓰기도 합니다.
02 間違えちゃった는 間違えてしまった착각해 버렸다의 구어체입니다.
03 ～ばかりは '～만, ～뿐'이라는 뜻입니다.
05 과거형인 申し訳ございませんでした를 쓴 이유는 '폐를 끼친 것' 자체는 이미 과거의 일이며 그런 일이 일어났다는 것에 대해 '죄송한 일이었다'라는 인사를 하는 것이기 때문입니다. 현재형인 申し訳ございません을 쓸 수도 있는데, 이 표현은 '폐를 끼친 일'이 생겼다는 것에 대해서 '지금 죄송스러운 마음으로 있다'라는 뜻입니다.

46 謝罪 사죄

06 どうかお許しください。

07 勘違いしてた。ごめん。

08 心配させて、ごめんなさい。

09 長いことお待たせして、すみませんでした。

10 事情をよく知らなくて誤解してしまいました。
申し訳ありません。

단어

06 どうか 제발, 아무쪼록　許す[ゆるす] 용서하다, 허락하다
07 勘違い[かんちがい] 착각, 오해
08 心配[しんぱい] 걱정
09 長い[ながい] 길다　待たせる[またせる] 기다리게 하다
10 事情[じじょう] 사정　知る[しる] 알다　誤解[ごかい] 오해　申し訳ない[もうしわけない] 죄송하다, 면목 없다

O6 제발 용서해 주세요.

O7 착각했었네. 미안.

O8 걱정시켜서 미안해요.

O9 오랫동안 기다리게 해서 죄송합니다.

1O 사정을 잘 몰라서 오해해 버렸습니다. 죄송합니다.

❀ 표현

07 勘違いしてた는 勘違いしていた의 い가 생략된 말로, 직역하면 '착각하고 있었다'가 됩니다.

09 과거형인 すみませんでした와 현재형인 すみません을 모두 쓸 수 있는 문장입니다. 차이는 앞에서 설명한 것과 같습니다.

女 遅れて申し訳ありません。

男 どうしたんですか。内山さんはいつも早めに来る人なの
　　に。

女 車で来たんですが、道を間違えてしまって。

男 この辺は道がわかりにくいですからね。

女 長いことお待たせして、すみませんでした。

男 いえいえ。じゃ、行きましょう。

女 はい。

✼ 해석

여　늦어서 죄송합니다.

남　무슨 일 있었어요? うちやま씨는 항상 일찍 오는 사람인데.

여　차로 왔는데, 길을 잘못 들어 버려서요.

남　이 근처는 길을 알기 어려우니까요.

여　오랫동안 기다리게 해 드려서 죄송합니다.

남　아니 아니. 그럼 갑시다.

여　네.

✽ 단어

遅れる[おくれる] 늦다　申し訳ない[もうしわけない] 죄송하다, 면목 없다　早め[はや
め] 정해진 시간보다 조금 이름　来る[くる] 오다　人[ひと] 사람　車[くるま] 차　来た[き
た] 왔다　道[みち] 길　間違える[まちがえる] 틀리다, 잘못하다, 잘못 알다　この辺[こ
のへん] 이 근처, 이 근방　長い[ながい] 길다　待たせる[またせる] 기다리게 하다　行
く[いく] 가다

❖ 아하, 일본에서는!

사과 표현에 대한 기초 지식

덜 공손한 것부터 공손한 것의 순서로 살펴봅시다.

悪[わる]い 미안
ごめん 미안
すまん 미안
ごめんなさい 미안해요
すみません 죄송합니다
申し訳ありません 죄송합니다, 면목 없습니다
申し訳ございません 죄송합니다, 면목 없습니다

悪い를 남자들이 쓰는 거친 말투로 바꾸면 わりい가 됩니다. ごめん만 과거형
이 없고, 나머지들은 전부 과거형(悪かった, すまなかった, すみませんでし
た, 申し訳ありませんでした, 申し訳ございませんでした)이 있습니다. 한
국어와 달리 과거형으로 쓰이는 경우도 많으므로 시제에 유의하세요. 또 죄송스
러우면서도 고마울 때는 이 사과 표현들을 감사 표현으로도 씁니다.

4장 楽 락

여기에서는 '즐거움'과 관련된 말과 '응원'에 관한 표현을 살펴보겠습니다. 특히 이번 장에 나오는 응원할 때 쓰는 표현들은 일본팀이 나오는 운동 경기를 보러 가시면 많이 들어 보실 수 있을 거예요. 공부를 위해서 한 번 일본팀 응원석에 가 보시는 것도 괜찮지 않을까요?

楽[らく] 락

47 楽しみ 즐거움

01 楽しい！

02 イエーイ！

03 最高！

04 ヤッホー！

05 これ、おいしそう。

🌸단어

楽しみ[たのしみ] 즐거움
01 楽しい[たのしい] 즐겁다
03 最高[さいこう] 최고

47.mp3

O1 즐거워!

O2 예~!

O3 최고야!

O4 야호!

O5 이것, 맛있겠다.

🌸 표현

02 イエーイ는 영어 yay에서 온 말로, エ를 작게 써서 イェーイ로도 씁니다.

04 ヤッホー가 한국에서는 등산하는 사람들이 쓰는 말이지만, 일본에서는 등산 때뿐만 이 아니라 기쁠 때나 즐거울 때 등에도 쓰는 말입니다.

05 おいしそう는 '맛있겠다, 맛있어 보여, 맛있을 것 같다' 등으로 해석할 수 있습니다.

47 楽しみ 즐거움

06 このゲーム、面白そう。

07 この番組、笑える！

08 いい汗かいたから、ビールがうまい！

09 ああ、気持ちいい。

10 ああ、極楽、極楽。

단어

06 面白い[おもしろい] 재미있다
07 番組[ばんぐみ] (TV나 라디오)프로그램　笑える[わらえる] 웃기다, 절로 웃음이 나오다
08 汗[あせ] 땀　かく (땀을)흘리다
09 気持ち[きもち] 기분, 마음
10 極楽[ごくらく] 극락

O6 이 게임, 재미있을 것 같아.

O7 이 프로그램, 웃기네!

O8 좋은 땀을 흘려서 맥주가 맛있다!

O9 아아, 기분 좋아.

10 아아, 극락이야 극락.

✿ 표현

06 面白そう는 '재미있겠다, 재미있어 보여, 재미있을 것 같다' 등으로 해석할 수 있습니다.

07 笑える는 笑[わら]う웃다의 가능형인 笑える웃을 수 있다에서 나온 말입니다.

08 간혹 여자 중에서도 うまい라는 말을 쓰는 사람이 있지만 약간 말이 거칠어요. 여자분들은 おいしい라는 말을 쓰는 것이 좋습니다.

10 極楽、極楽라는 표현은 대부분 목욕하는 상황에서 쓰입니다.

男 ヤッホー！

女 すごい！うまいね。

男 まあね。子供の頃からやってたから。今日の雪の状態は最
　　高だね！

女 それに、人がほとんどいないね。

男 思いっ切り滑れて、気持ちいい！

女 ここで写真1枚撮ろうか。

男 うん。

女 じゃ、撮るよ。はい、チーズ。

男 イエーイ！

✽ 해석

남 야호!

여 대단해! 잘 타네.

남 뭐 그렇지. 어렸을 때부터 했으니까. 오늘 눈 상태는 최고야!

여 게다가 사람이 거의 없네.

남 마음껏 탈 수 있어서 기분 좋아!

여 여기에서 사진 한 장 찍을까?

남 응.

여 그럼 찍을게. 자, 김치~.

남 예~!

✽단어

子供[こども] 아이, 어린이, 자녀 頃[ころ] 무렵, 시절 今日[きょう] 오늘 雪[ゆき] 눈 状態[じょうたい] 상태 最高[さいこう] 최고 人[ひと] 사람 ほとんど 거의 思い切り[おもいきり] 마음껏, 실컷 滑る[すべる] (스키나 보드를)타다, 미끄러지다 気持ち[きもち] 기분, 마음 写真[しゃしん] 사진 1枚[いちまい] 한 장 撮る[とる] 찍다

✽표현

思いっ切り는 思い切り를 강조한 말입니다.

❖ 아하, 일본에서는!

うまい의 다른 뜻은?

うまい 맛있다라는 말이 나왔는데, '맛있다'라는 뜻으로는 おいしい라는 단어를 먼저 배웠을 것입니다. 이 두 단어의 차이는 うまい가 더 거친 말이라는 점입니다. '맛있다'라는 뜻으로 うまい를 쓰는 건 대부분 남자입니다.

그리고 うまい에는 '맛있다'라는 뜻 외에 '잘한다'라는 뜻도 있습니다. '잘한다'라는 뜻을 나타내는 말로는 上手[じょうず]라는 말을 배웠을 것입니다. 이때도 うまい가 더 거친 말인데, '잘한다'라는 뜻으로 쓸 때는 여자도 많이 씁니다.

48 応援 응원

01 頑張れ!

02 ファイト!

03 走れ!

04 今だ!行け!

05 打て!

단어

応援[おうえん] 응원
01 **頑張る[がんばる]** 힘내다, 열심히 하다
03 **走る[はしる]** 달리다, 뛰다
04 **今[いま]** 지금 **行く[いく]** 가다
05 **打つ[うつ]** 치다, 때리다

48.mp3

01 힘내라!

02 파이팅!

03 뛰어!

04 지금이다! 가라!

05 쳐라!

❀ 표현

05 打て 쳐라는 야구 응원을 할 때도 쓰고 축구 응원을 할 때도 씁니다. 참고로 '슛을 쏘
다'는 シュートを打つ라고 합니다.

48 応援 응원

06 回れ！回れ！

07 そこだ！入れろ！

08 いいぞ！やれー！

09 ナイスショット！

10 フレー、フレー、赤組！

---

06 回る[まわる] 돌다
07 入れる[いれる] 넣다
08 やる 해치우다, 혼내주다
10 赤組[あかぐみ] 홍팀

48.mp3

O6 돌아! 돌아!

O7 거기다! 넣어라!

O8 좋아! 해치워라!

O9 나이스 샷!

1O 힘내라, 힘내라, 홍팀!

🏵표현

10 フレー는 영어 hurray에서 온 말로, 경기 등에서 선수를 응원할 때 쓰는 말입니다.

女 チャンス!

男 今だ!行け!

女 行け、行け!

男 そこだ!入れろ!

女 何でパスするの!

男 あ～あ。何でさっきシュートを打たなかったんだよ。

女 いいチャンスだったのにね。

✿ 해석
여 찬스다!
남 지금이야! 가라!
여 가라, 가!
남 거기다! 넣어!
여 왜 패스하는 거야!
남 아~. 왜 아까 슛을 쏘지 않았던 거야.
여 좋은 기회였는데, 그치?

✽ 단어

今[いま] 지금　行く[いく] 가다　入れる[いれる] 넣다　何で[なんで] 왜　打つ[うつ]
치다

❖ 아하, 일본에서는!

응원할 때 쓰는 말, 한 걸음 더!

打て 쳐라는 말이 나왔는데, 이는 야구에서도 축구에서도 쓰입니다. 야구는 한
국어에서도 '(공을)치다'라고 하니 금방 이해되실 것 같은데, 축구의 경우는 차이
가 나죠. 한국어에서는 '슛을 하다/쏘다'라고 하죠? 일본어에서는 シュートを打
つ 슛을 치다라는 표현을 씁니다. 그리고 야구를 응원할 때 打て라는 것을 더 강
조한 かっ飛[と]ばせ 쳐서 멀리 날려 보내라라는 말도 많이 씁니다.

赤組 홍팀이라고 나왔는데, 한국에서는 보통 '청팀', '백팀'으로 나뉘죠? 일본
에서는 赤組 홍팀, 白組[しろぐみ] 백팀으로 나뉩니다. 한국에서는 '백팀'보다 '
청팀'을 선호한다면서요? 일본에서는 특별히 어느 쪽을 선호한다는 것은 없지
만, 이미지 차이가 있다면 '홍팀'은 여자, '백팀'은 남자라는 이미지가 있습니다.

5장 その他 기타

여기에서는 '희노애락'에 담지 못한 '놀람', '동의', '거절'에 관한 표현들을 간략하게 소개해 드리려고 합니다. 아무래도 놀랐을 때는 감탄사가 많이 쓰이죠. 감탄사는 재미있지만 배우기 어렵죠. 어떤 감탄사들이 있는지 잘 보세요. 동의를 나타내는 말 중에는 '알다'를 나타내는 공손한 말들이 몇 가지 있으니 그 부분을 신경 써서 익히셨으면 합니다. 일본에서는 아주 친한 사이가 아니면 대 놓고 '싫다', '안 된다', '못 한다'라는 직설적인 거절 표현을 쓰지 않으니 조심하세요.

その他[そのた] 기타

49 驚き 놀람

01 わっ！びっくりした！

02 えーっ！うそっ！信じらんない！

03 やだっ！ズボンのファスナーが開いてる！

04 そんな馬鹿な！

05 はあ？どういうことですか。

단어

驚き[おどろき] 놀람
01 びっくりする 깜짝 놀라다
02 うそ 거짓말 信じる[しんじる] 믿다
03 やだ 싫다 ズボン 바지 ファスナー 지퍼 開く[あく] 열리다
04 馬鹿[ばか] 바보, 어처구니없음
05 はあ? 예? どういう 어떤, 어떠한

O1 으악! 깜짝 놀랐네.

O2 아아! 진짜!? 못 믿겠어!

O3 뭐야! 바지 지퍼가 열려 있어!

O4 그런 어처구니없는 일이 있나!

O5 예? 무슨 말이에요?

🌸 **표현**

02 うそ는 한자를 嘘로 쓰는데, '진짜!?', '정말!?'의 뜻으로 쓰일 때는 히라가나로 쓰는 경우가 많습니다. 信じらんない는 信じられない의 구어체입니다.

03 やだ는 嫌[いや]だ싫다의 준말인데, '뭐야'라는 뜻으로 쓰는 것은 여자입니다. 참고로 ファスナー는 チャック라고도 합니다.

04 뒷부분에 ことがあるか일이 있겠나가 생략된 말입니다.

05 どういうことですか는 직역하면 '어떤 일입니까?'가 되는데, 상대방이 한 말에 대해서 뜻하고자 하는 바, 생각을 확인하려고 할 때 쓰는 표현입니다.

---

49 驚き 놀람

06 あれ？ここに置いたはずなんだけど、無くなってる。

07 げっ！こいつが俺の上司かよ！

08 やばい。ばれたかもしれない。

09 えーっ！あの人、男？マジ？

10 しまった。宿題があるのを忘れてた！

🌸단어

06 あれ？ 어라? 置く[おく] 두다, 놓다 〜はず 〜할 터, 〜했을 터 無くなる[なくなる] 없어지다

07 げっ 허걱 こいつ 이 자식, 이놈 俺[おれ] 내(남자) 上司[じょうし] 상사

08 やばい 위험하다, 난처하다 ばれる 들키다, 들통 나다

09 人[ひと] 사람 男[おとこ] 남자 まじ 진짜, 진심

10 しまった 아차, 아뿔싸 宿題[しゅくだい] 숙제 忘れる[わすれる] 깜빡하다, 잊다

O6 어라? 여기에 두었던 걸로 아는데 없어졌네.

O7 허걱! 이 자식이 내 상사란 말야!

O8 이런. 들켰을지도 모르겠다.

O9 아아! 저 사람 남자야? 진짜?

1O 아차. 숙제가 있는 것을 깜빡했었다!

✿ 표현

07 속어인 げっ은 げ를 강조한 말로, 더 강조해서 げげっ이라고 말할 수도 있습니다.
08 속어인 やばい는 '위험하다'라는 뜻을 나타내는데, 남자들이 거칠게 발음해서 やべ
え라고 하는 경우도 있습니다.
09 속어인 まじ는 まじめな 진지한에서 나온 말입니다.

女 ねえ、あの人、どう思う?

男 すっごいきれいな人だね。

女 でしょ?でもね、あの人、男の人なんだよ。

男 えーっ!あの人、男?マジ?

女 うん。それに、40代だって。

男 えーっ!うそっ!信じらんない!どう見ても20代にしか見
えないよ。

女 びっくりしたでしょ?

男 うん。

女 私も最初聞いたとき、すごくびっくりしたの。

✽ 해석

여 있잖아, 저 사람, 어떻게 생각해?
남 엄청 예쁜 사람이네.
여 그치? 그래도 말야, 저 사람 남자야.
남 어어! 저 사람 남자야? 진짜?
여 응. 게다가 40대래.
남 어어! 정말? 못 믿겠어! 아무리 봐도 20대로밖에 안 보여.
여 놀랐지?
남 응.
여 나도 처음 들었을 때 무척 놀랐거든.

✽단어

人[ひと] 사람 思う[おもう] 생각하다 男[おとこ] 남자 40代[よんじゅうだい] 40대
信じる[しんじる] 믿다 見る[みる] 보다 20代[にじゅうだい] 20대 見える[みえる]
보이다 私[わたし] 나, 저 最初[さいしょ] 최초 聞く[きく] 듣다

❖ 아하, 일본에서는!

놀랄 때 쓰는 말, 한 걸음 더!

はあ? 예?라는 말이 나왔는데, 이 말은 억양에 따라서 다르게 쓰입니다. 여기서
배운 것과 같이 '예?'라고 되물을 때는 말꼬리あ부분에서 급격히 올라가는데, 말
꼬리를 내리면 '네, 예', 또는 '허어'라는 뜻이 됩니다. '네'를 나타내는 はい와의
차이는 はい가 더 정확히 대답하는 말이고 완전히 납득하지 못할 때, 약간 망설
여질 때, 뭐라 답변하기 곤란할 때 등에는 はい보다 はあ를 더 씁니다. 그리고
'허어'로 쓰일 때는 놀라거나 어리둥절할 때 쓰는 것입니다.

やばいい 위험하다, 난처하다라는 말이 나왔는데, 이 말은 이런 뜻 외에 '죽인다'는
뜻으로 쓰이기도 합니다. 나쁜 뜻이 아니라 좋은 뜻으로, 예를 들어 너무 예뻐서
'죽인다', 너무 맛있어서 '죽인다'라는 뜻으로 쓰이는 것입니다. 원래는 없던 사용
법인데 몇 년 전부터 좋은 뜻으로 쓰이기 시작했습니다. 그런데 이 사용법은 젊
은 사람들밖에 쓰지 않습니다.

しまった 아차, 아뿔싸와 같은 뜻을 나타내는 말로 いけない라는 말도 있습니다.
남자들의 경우 이 말을 いけねえ라고 거칠게 발음하기도 합니다.

50 同意 동의

01 オッケー。

02 了解。

03 賛成！

04 うん、わかった。

05 はい、いいですよ。お安い御用です。

단어

同意[どうい] 동의
02 了解[りょうかい] 양해, 이해
03 賛成[さんせい] 찬성
05 お安い[おやすい] 쉽다, 간단하다 御用[ごよう] 용건, 볼일

50.mp3

O1 오케이.

O2 알았어.

O3 찬성!

O4 응, 알았어.

O5 네, 괜찮아요. 문제없어요.

표현

01 オッケー는 オーケー라고도 합니다.
05 お安い御用는 '문제없다, 쉬운 일이다'의 뜻으로 쓰이는 관용구입니다.

50 同意 동의

06 はい、承知しました。

07 はい、かしこまりました。

08 そうだね。その通りだね。

09 私も野村さんと同じ意見です。

10 今まさにそれを言おうとしていたところなんです。

🌸 단어

06 承知[しょうち] 알고 있음. 승낙함
08 〜の通り[のとおり] 〜대로임, 〜같음
09 私[わたし] 저, 나　同じ[おなじ] 같은, 같음　意見[いけん] 의견
10 今[いま] 지금　まさに 막, 바로　言う[いう] 말하다

50.mp3

06 네, 알겠습니다.

07 네, 알겠습니다.

08 그러네. 그 말이 맞네.

09 저도 のむら씨와 같은 의견입니다.

10 지금 막 그 말을 하려 하던 참인 걸요.

🌸 표현

06 承知しました를 더 공손하게 말하면 承知いたしました가 됩니다.

07 '알겠습니다'로 쓰일 때는 항상 かしこまりました와 같이 과거형으로 씁니다. かし
こまる는 '황송해하다, 어려워해서 꿇어앉다'라는 뜻입니다.

08 その通りだね는 직역하면 '그대로네'가 됩니다.

10 ～していたところだ는 '～하려고 하던 참이다'라는 뜻입니다.

회화로 익히기

男 今日の会議で話した宣伝のことなんだが、西山君の考えと森君の考えと、どちらがいいと思う？

女 部長はどう思われますか。

男 どちらかと言うと、西山君の考えの方がいいかと思うんだが、君のような若い人はどう思うのか知りたくてね。

女 私も部長と同じ意見です。西山さんの考えの方がいいと思います。

男 そうか。森君の考えも悪くはないんだけど、何と言ったらいいのかな…こう…。

女 ちょっと時代遅れのような感じがしますよね。

男 そうそう、その通り。今まさにそれを言おうとしていたところなんだ。

✽해석

남 오늘 회의에서 이야기한 선전에 관해서인데, 니시야마군의 생각과 모리군의 생각 중 어느 쪽이 좋다고 생각해?

여 부장님은 어떻게 생각하십니까?

남 어느 쪽이냐고 하면 니시야마군의 생각이 더 좋을까 싶긴 한데, 자네 같은 젊은 사람은 어떻게 생각하는지 알고 싶어서 말이야.

여 저도 부장님과 같은 의견입니다. 니시야마씨의 생각이 더 좋다고 생각합니다.

남 그렇군. 모리군의 생각도 나쁘지는 않은데, 뭐라고 하면 될까… 이렇게….

여 좀 시대에 뒤떨어진 느낌이 있지요.

남 그래그래, 바로 그거야. 지금 막 그걸 말하려고 하던 참이었어.

✽단어

今日[きょう] 오늘 会議[かいぎ] 회의 話す[はなす] 이야기하다 宣伝[せんでん] 선전 ～君[くん] ～군 考え[かんがえ] 생각 思う[おもう] 생각하다 部長[ぶちょう] 부장, 부장님 言う[いう] 말하다 ～の方が[のほうが] ～가 더 君[きみ] 자네 若い[わかい] 젊다 人[ひと] 사람 知る[しる] 알다 私[わたし] 저, 나 同じ[おなじ] 같은, 같음 意見[いけん] 의견 悪い[わるい] 나쁘다 何と[なんと] 뭐라고 時代遅れ[じだいおくれ] 시대에 뒤떨어짐 感じ[かんじ] 느낌 ～の通り[のとおり] ～대로임, ～같음 今[いま] 지금 まさに 막, 바로

❖ 아하, 일본에서는!

'알다'에 해당되는 일본어 표현들

덜 공손한 것부터 공손한 것의 순서로 살펴봅시다.

わかった 알았어
わかりました 알겠습니다
承知しました 알겠습니다
承知いたしました 알겠습니다
かしこまりました 알겠습니다

공손한 말은 한국어 번역이 다 똑같아지네요. 친구에게는 わかった, 일상적으로는 わかりました, 매우 공손하게는 かしこまりました, 이 세 가지만 잘 기억해 놓으셔도 실수하는 일은 없으실 거예요.

51 拒絶 거절

01 やだ。

02 だめ。

03 反対！

04 できません。

05 そんなこと、やってられるか。

拒絶[きょぜつ] 거절
03 **反対[はんたい]** 반대

51.mp3

01 싫어.

02 안 돼.

03 반대!

04 못하겠습니다.

05 그런 일 어떻게 할 수 있겠냐.

🌸 표현

01 やだ는 嫌[いや]だ싫다의 い가 생략된 말인데, 일상회화에서는 생략된 형태로 많이 쓰입니다.

05 직역하면 '그런 일 하고 있을 수 있겠는가'가 됩니다. そんなこと、やってられない(よ)그런 일 하지 못하겠어라고 하면 여자도 쓰는 형태가 됩니다. 또 やってられない는 やってらんない로 발음하는 경우가 많습니다.

51 拒絶 거절

06 ううん…そうですねえ。

07 ちょっと考えさせてください。

08 申し訳ありませんが、ちょっと…。

09 ちょっと難しいですね。

10 申し訳ありませんが、お断りさせていただきます。

🌸 단어

07 考える[かんがえる] 생각하다
08 申し訳ない[もうしわけない] 죄송하다, 면목 없다
09 難しい[むずかしい] 어렵다
10 断る[ことわる] 거절하다

06 으음… 글쎄요.

07 좀 생각해 볼게요.

08 죄송합니다만, 좀….

09 좀 어렵네요.

10 죄송합니다만, 사양하겠습니다.

❀ **표현**

07 직역하면 '좀 생각하게 해 주세요'가 됩니다. 일본 사람이 이렇게 말하는 경우는 대부분 거절하려고 하는 것이라고 생각하면 됩니다.

男　俺たちもそろそろ家を買おうか。

女　え?家を?

男　うん。どう思う?

女　反対!そんなお金、どこにあるの!

男　借りればいいじゃないか。

女　だめ。いつリストラされるかわからない時代なのに。

男　でも、今は毎月家賃を払ってるだろう?借金を返すのも同じだよ。今の家賃くらいで借金を返していけばいいんだから。

女　ん…。

男　子供もだんだん大きくなるんだし、そろそろ家を買った方がいいと思うんだ。

女　ちょっと考えさせて。

✽ 해석

남　우리도 이제 집을 살까?

여　어? 집을?

남　응. 어떻게 생각해?

여　반대! 그런 돈이 어디 있어!

남　빌리면 되잖아.

여　안 돼. 언제 잘릴지 모르는 시대인데.

남　그래도 지금은 매달 집세를 내고 있지? 빚을 갚는 것도 똑같아. 지금 집세 정도로 빚을 갚아 나가면 되는 거니까.

여　음….

남　애도 점점 성장하기도 하고, 이제 집을 사는 편이 좋다고 생각하거든.

여　좀 생각해 볼게.

넷째마당

5장 기타

✤ 단어

俺たち[おれたち] 우리(남자) **そろそろ** 이제 **家**[いえ] 집 **買う**[かう] 사다 **思う**[おもう] 생각하다 **反対**[はんたい] 반대 **お金**[おかね] 돈 **借りる**[かりる] 빌리다 **時代**[じだい] 시대 **今**[いま] 지금 **毎月**[まいつき] 매달 **家賃**[やちん] 집세 **払う**[はらう] 지불하다, 내다 **借金**[しゃっきん] 빚 **返す**[かえす] 돌려주다 **同じ**[おなじ] 같은, 같음 **子供**[こども] 아이, 자녀, 어린이 **だんだん** 점점, 차차 **大きい**[おおきい] 크다 **〜た方が**[たほうが] 〜하는 편이 **考える**[かんがえる] 생각하다

✤ 표현

俺たち는 한자로 쓰는 경우도 꽤 있는데, 俺達라고 씁니다.

❖ 아하, 일본에서는!

일본 사람들은 No라는 말을 못한다?

일본 사람들은 No라는 말을 못한다는 이야기를 들어 본 적 있으세요? 또 일본 사람들은 Yes인지 No인지 알 수 없다, 겉과 속이 다르다는 이야기를 들은 적 있으세요? 외국 사람들이 보기에는 일본 사람들이 No라는 말을 분명히 말하지 않아서 이해하지 못하는 경우가 많은 것 같습니다. 그렇다고 일본 사람들이 Yes인지 No인지 의사표현을 안 하는 건 아닙니다. 일본식으로 의사표현을 하는데 그게 외국 사람들에게는 통하지 않는 것뿐입니다. 일본에서는 No라는 식으로 말하지 않고 돌려서 전달하고 싶은 것을 은근히 풍기는 식으로 의사소통을 하는 경우가 많습니다. 일본에서는 그게 예의거든요. 그렇기 때문에 No라는 대답을 할 수밖에 없게끔 상황을 만드는 것 또한 예의가 아니죠. 예를 들어 어떤 일을 해 주겠냐는 부탁을 했을 때 상대방이 대답하기를 주저한다면 No라는 뜻이니 말을 꺼낸 사람이 '무리하지 않으셔도 돼요'라든지 '조금 생각해 보시고 나중에 연락 주세요'라는 등의 말을 해서 상대방이 No라고 대답하지 않아도 되게끔 대화를 잘 마무리해 줘야 합니다. 외국 사람들에게는 어렵게 느껴질지 모르겠지만 일본 사람들에게는 태어났을 때부터 살아온 문화이니 자연스럽게 그렇게 하게 되는 것입니다.

비즈니스 일본어회화&
이메일 표현사전

부록
mp3 파일
무료 다운로드

인현진 지음 | 640쪽 | 20,000원

회화는 물론 이메일 표현까지 한 권에!
국내 유일의 비즈니스 표현사전

상황별 비즈니스 표현을 총망라하여 최다 규모로 모았다! 현장에서 바로 써먹을 수 있는
고품격 회화 표현과 이메일, 비즈니스 문서 등 그대로 활용 가능한 작문 표현이 한 권에!

난이도	첫걸음 | 초급 | 중급 | 고급	목표	내가 쓰고 싶은 비즈니스 표현을 쉽게 찾아 바로 바로 써먹기
대상	일본을 대상으로 비즈니스를 해야 하는 직장인, 고급 표현을 익히고 싶은 일본어 중급자